使ったその日から売上げが
右肩上がり!

営業フレーズ言いかえ事典

営業コンサルタント・関東学園大学経済学部講師
菊原智明

大和出版

はじめに　〝売れるフレーズ〟があなたをトップ営業に導く

本書を手にとっていただきまして、ありがとうございます。

突然ですが、あなたに質問があります。

あなたが、ふだん何気なく使っている言葉で、多くのチャンスを逃している――。

そう聞いて、どう思いますか？

「そんな気がする」と思った人もいれば、「そんなはずはない」と思った人もいることでしょう。

たしかに契約になるかどうかということに関してはさまざまな要因があるので、後者の人のように一概にはうなずけないのもよくわかります。

しかし、私自身の経験、さらには周囲の営業パーソンの話を聞いていると、**たった一言でチャンスを失い、本来なら契約できたはずのお客様に逃げられてしまうということが頻繁に起こっている**、というのも、まぎれもない事実です。

もっと言えば、契約が決まるはずのお客様を逃す、という悲劇を招いてしまうのは、単に伝え方が悪いだけ——。

私は、心からそう思っています。

たとえば、「ぜひ契約してください」と言うかわりに、**「先に進めてもいいですか？」**と言いかえるだけで、契約率は一気に跳ね上がります。

裏を返せば、こういった**〝売れるフレーズ〟**を1つでも多く知ることで、誰もが売上げを伸ばすことができるのです。

ここで、少し自己紹介をさせてください。

理系で口下手、人見知りの私は、ハウスメーカーの営業として就職します。

もともとコミュニケーション能力が低かったこともあり、7年間ダメ営業として過ごすことになりました。

ダメ営業時代の私は、無意識に**〝自ら墓穴を掘る言葉〟**を使っていました。わざわざお客様からNOを引き出していたのですから、結果など出るはずがありません。

そんな私ですが、営業で苦戦している中、**ちょっと言い方を変えただけでお客様の**

反応が180度変わるという経験をしました。

以来、トークや言葉を1つひとつ検証し、〝売れるフレーズ〟に言いかえるようしていきます。

それから徐々に結果が出るようになり、なんと入社8年目にはトップ営業に――。

これは、私だけの話ではありません。

私が営業研修やセミナーなどで言いかえについてアドバイスした営業パーソンたちも、しっかりと結果を出しています。

たとえば自他ともに認める口下手の保険営業パーソンは、言いかえをマスターしたことで、わずか1年後にそのエリアでナンバーワンになりました。

また、法人営業をしている方は、いくつかの言葉を言いかえるようにしたことで、前年比170％の売上げを達成しています。

いま紹介したのはごく一部の例ですが、**言葉を少し言いかえただけで、このような結果を出す営業パーソンが続出している**のです。

さて、この本では、**〝売れるフレーズ〟〝心が動くフレーズ〟**を着実に身につけていただけるよう、営業のシーン別に解説しています。

ここで、それぞれの章の内容について、簡単に説明することにしましょう。

まず第1章は、**「アプローチ」**についてです。

見込み客への接触、メールを送る、自然な形で話しかけるなど、スムーズにお客様の警戒心を解く言葉を紹介しています。

第2章は、**「初回面談」**についてです。

面談で「この人は信頼できそうだ」と思ってもらえれば、その後の営業活動は非常にラクになります。

お客様に信頼していただくための効果的な言いかえについて学んでください。

第3章は、**「ヒアリング」**についてです。

お客様の本音を聞き出さずして、商談をまとめることはできません。

ちょっとした言い方の違いで、深い部分まで聞き取ることが可能になります。

この章では、私が使って大きな効果があったフレーズを厳選して解説しています。

第4章は、**「商談」**についてです。

ぜひ、商談を順調に進めるための言い方をマスターしてください。

第5章は、いよいよ**「クロージング」**です。

クロージングのときに何を言うか——。

ここで失敗すれば、すべてが水の泡になってしまいます。

この章では、お客様にプレッシャーをかけずに契約率を上げる言い方を見ていきます。

第6章は、**「見込み客」**と**「リピート客」**についてです。

トップ営業は誠実な言い回しをすることで信頼を勝ち取り、お客様から紹介や追加注文をもらいます。

その秘訣を習得してください。

最後の第7章は、**「メンタル」**についてです。

「営業では何よりもメンタルが大切」ということは、あなたも実感していることでしょう。

モチベーションが上がる言いかえについて、ぜひ知っていただきたいと思います。

以上、この本は7章にわたって、全50項目の言いかえ例を紹介しています。

この本に出てきたフレーズをそっくりそのまま使ってもいいですし、扱っている商品、自分のスタイル、キャラクターにマッチした言葉にアレンジして活用していただくのでもかまいません。

さっそく目次をサッと眺め、いま一番関心のあるものを1つ読んで実践してみてください。

実際のところ、たった1つのフレーズを言いかえただけで、いままでの悪い流れがウソのようにガラッといい方向へ変わることは本当によくあります。

あなたが、この本から成功へのきっかけをつかみ、トップ営業になることを心から願っています。

営業コンサルタント／関東学園経済学部講師　菊原智明

営業フレーズ言いかえ事典◎目次

第1章 お客様に一生懸命「アプローチ」しても、ほぼ反応がありません
――定番の言い方をやめて、警戒心を解く

第2章

「初回面談」のお客様とは、話がまったく盛り上がりません

――信頼を生む声かけで、距離を縮める

第3章

工夫して「ヒアリング」していますが、なかなか本音を引き出せません

――答えやすい質問で、真のニーズをつかむ

第4章 どうすれば「商談」をうまく進められるか、いつも悩んでいます
――さまざまな切り口から、期待度を高める

第5章

「クロージング」になると、いつも緊張して失敗してしまいます

――お客様を安心させて、契約率を上げる

第6章

「見込み客」と「リピート客」が思うように増えなくて困っています

――本物の顧客志向で、ファンを生み出す

第7章

「メンタル」を強くして、〝売れ続ける営業〟になりたいです

——発想の転換で、〝折れない心〟をつくる

※目次では「ありがちなフレーズ」のみを掲載しております。「心が動くフレーズ」については本文をご覧ください。

第1章

お客様に一生懸命「アプローチ」しても、ほぼ反応がありません

——定番の言い方をやめて、警戒心を解く

01

お客様にプレッシャーを与えないアポのとり方

○ 心が動くフレーズ

ちょうどお客様の近くに用事がありまして、ついでにお寄りしてもよろしいですか？

× ありがちなフレーズ

ぜひ説明させてください！

購買意欲が上がっているお客様であれば、どんな言い方でもアポイントはとれます。しかし、まだそこまで意欲が高まっていないお客様に「ぜひ説明させてください！」と迫ったのでは、間違いなく拒絶されてしまいます。極力プレッシャーをかけない言い方でアプローチしてチャンスを広げていきましょう。

研修の仲介をしている会社の営業パーソンの話です。

メールで少しやりとりをしていたところ、**「ちょうど群馬県（私の居住地）に用事がありまして、お会いできないでしょうか？」**とアプローチしてきました。

そのアプローチに対して私は、「せっかくこっちに来るのだから会おう」と思い、快諾しました。

もし、いきなり「御社に伺って詳しく説明させてください！」とアプローチされたら、間違いなく断っていたでしょう。

ありきたりですが、営業パーソンからの**「ついでにお寄りしてもよろしいですか？」**というアプローチは、とても効果的です。

私は現在、いろいろな業界で研修をさせていただいていますが、一番多い内容は〝中長期のお客様に役立つ情報（お役立ち情報）を送り続ける〟というものです。

多少、時間はかかりますが、そうすることでお客様に自ら動いてもらうことを狙っているわけですね。

ところが、「お客様から反応があるまで待つ余裕がない」という営業パーソンも数多くいます。

ノルマに余裕があるケースなど、ほとんどないでしょうから、その気持ちはよくわかります。

そこで私は、〝こちらからアクションを起こしてアポをとる方法〟についても紹介しています。

たとえば、あなたが生命保険の営業をしていたとしましょう。

そして、お役立ち情報を送っているお客様や、すでに接点のあるお客様に「無料プレゼント！　得する保険の入り方　7つのポイントの資料を差し上げます」といった内容を告知したとします。

興味のあるお客様なら反応してくれることもあるでしょう。

その場合は、まずは電話をしてみることをおススメします。

新規であれば、「住所確認でお電話させていただきました」と言って電話をします。

すでに関係があるお客様であれば、「○○様、メールありがとうございます」と言って電話をします。

実際に電話をして声を聞けば、「いま、話をしてもいいお客様なのか」、それとも

「いまはそっとしておいてほしいお客様なのか」の判断がつくものです。

そして大丈夫そうなときは、**「○日と△日にそちら方面に用事がありますので、ついでに資料をおもちしてもいいですか？」**と言ってみるのです。

高確率で承諾がもらえます。

一方、仮に住所確認をした際にお客様が迷惑そうであれば、**「ありがとうございます。住所確認ができましたので資料をお送りします」**と言って電話を切ればいいだけのことです。

なお、このときに「○○様！　いまから資料をもっていきますので説明させてください」と迫ってはなりません。

こんな言い方をすれば、「いやいや、いますぐというわけじゃないんだよ。送ってもらえればいいから」となってしまいます。

そうではなく、〝何かのついで〟というニュアンスを伝えることでお客様の負担を軽くするのです。

そのように言いかえることで、アポの取得率は何倍にも跳ね上がります。

ちなみに、〝何かのついで〟と言うきっかけを得るためのフレーズとしては、次のようなものが考えられます。

「無料見積もりをしますので〜」
「ご相談に乗りますので〜」
「サンプルを差し上げたいので〜」

まずはお客様が反応しそうなオファーを考えてみてください。
そして反応があったら、「○○のついでにお寄りしてもよろしいですか?」といった言い方でどんどんアポイントをとりましょう。

POINT

お客様の立場になり「どう言われたら気がラクになるか」と考えてみる

02

メールの挨拶文で印象に残す

○

心が動くフレーズ

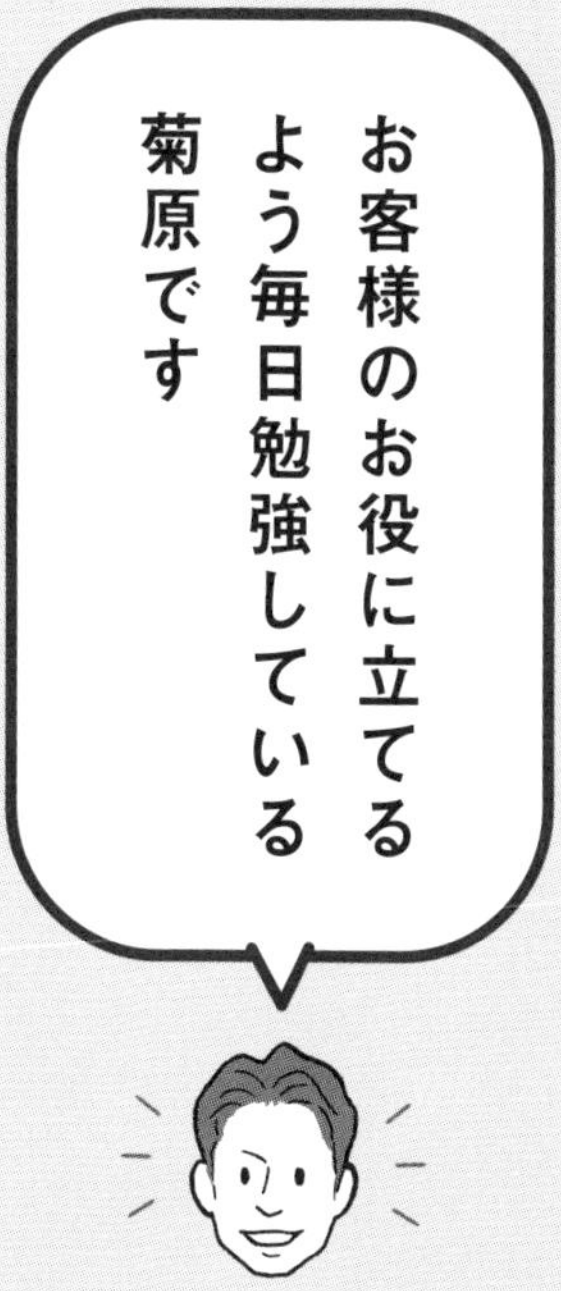
お客様のお役に立てる
よう毎日勉強している
菊原です

×

ありがちなフレーズ

ABC株式会社
第一営業部
菊原と申します

いまはメールやSNSなどの文字媒体でお客様とやりとりすることが多くなりました。その際、ただ単に“会社名＋名前”で送っていたのでは、ほとんど印象に残りません。名前の前に“印象に残る一言”を添えて、あなたの存在をお客様に印象づけましょう。

あなたが誰かから商品を購入したいと考えていたとします。

その際、「営業は嫌いだけど、食べるためにしかたなくやっているだけです」という営業パーソンから買いたいでしょうか？

そんなことはありませんよね。

よほど欲しいもの以外は、「私のことを真剣に考えてくれる人から買いたい」と思うはずです。

多くのお客様は**〝お客様のために真剣に活動している営業パーソン〟**に好感をもつものなのです。

このような話をすると、「そんなことは言われなくてもわかっている」と思うかもしれません。

でも、本当にその気持ちをお客様に伝えているでしょうか？

残念ながら、私の経験からすると、99％の営業パーソンはそれができていません。

心の中で思っているだけでなく、しっかりと気持ちを伝える必要があるのです。

実際、トップ営業はメールのやりとりで他の営業パーソンたちに差をつけています。

具体的にどういうことなのか、例を見ていくことにしましょう。

まず、苦戦している営業パーソンは、一度会ったお客様に対してメールの冒頭で、

【ABC株式会社　第一営業部　○○と申します】

というように名乗ります。

まあ、これが普通ですし、何の問題もないと思っているのでしょう。

しかし、これでは何の印象にも残りません。

私は〝ABC株式会社　第一営業部～〟という文言のことを**〝空気文字〟**と呼んでいます。

間違ってはいませんが、お客様の印象に残すという観点ではゼロ点です。

こうしたメールを送っていても、その他大勢の1人にしかなれないのです。

また、ビジネスメールのテンプレートでよく見かける、

【拝啓　○○の候　益々のご活躍のこととお喜び申し上げます】

というのも空気文字になります。

つまり、**営業活動で送るメールは〝正しい文法かどうか〟ということより〝結果が出るかどうか〟を重視すべきなのです。**

私の場合、長年のアポなし訪問をやめてお客様の役に立つ情報を送るようになった際、メールの挨拶文でお客様の印象に残るように工夫しました。

一番のお気に入りは、次のようなものです。

【休みの日でもお客様のことを考えてしまう菊原です】

これを見たお客様は、「私たちのことを真剣に考えてくれそう」といったイメージをもちます。

我ながらインパクトが大きい1文だと思っています。

実際、契約になったお客様から、**「あれを見たとき、『菊原さんなら安心』だと思った」**と言っていただきました。

その他では、次のような1文を使っていました。

【毎日、ローンについて勉強している菊原です】

【1円でもコストを削減できないかと毎日、考えている菊原です】

【常にお客様の立場で提案できるように努力している菊原です】


一見、あざとい文章に思えるかもしれません。

また、口に出して伝えるとなると、かなり照れくさい感じにもなるでしょう。

ただ、メールの場合、このくらいの短文であれば、お客様もすんなりと受け入れてくれるもの。

事実、私はこうした1文を入れることで、多くのお客様から**「菊原さんは他の営業パーソンとは違うぞ」**と相談相手として選ばれました。

これを聞いて、「いきなり法人のお客様に対して〝休みの日でも～〟とは書けない」と思った方もいることでしょう。

たしかに法人営業の代表アドレスには送りにくいですよね。

その場合は、冒頭ではテンプレートどおり〝お世話になります。〇〇会社の～〟と書き、最後の追伸でいい印象をもってもらえる一言を添えてもいいでしょう。

なお、メールではなく口頭で挨拶する場合ですが、接点のあるお客様に対しては**「先週、名刺交換させていただいた○○です」**とお客様が思い出せるきっかけをつくりましょう。

もちろん、まったくの新規の場合は、さすがに「いつもお客様のことを考えている○○です」と言うのはおかしいので、「このエリアを担当している○○です」といった感じでいいでしょう。

ポイントは、お客様にいい印象を与えることです。

心の中で思っているのではなく、お客様にしっかり気持ちを伝えてください。

その姿勢は、きっとボディブローのようにお客様の心に効いていきます。

POINT

メールなら、自分の思いをストレートに書いても受け入れられやすい

03

お客様が思わず承諾してしまう伝え方

○ 心が動くフレーズ

お客様が考えているご希望に非常に近い商品があるのですが

× ありがちなフレーズ

おススメの商品です。ぜひご検討ください

営業パーソンから「おススメです」と言われても、「どうせ他の人にも同じことを言っているのだろう」と思われてしまいます。これではアポイントはとれません。その一方で、「お客様が考えているものと近い」と言われると断りにくくなります。ちょっとした言い方の違いでアポイントの取得率が何倍も変わるのです。

私が住宅営業をしていたときのことです。

2組のお客様と商談をしていたのですが、両者とも30代で4人家族、予算や建物の希望も似通っていました。

お客様Aさんは、すでに数回商談をして、家の間取りや予算も煮詰まってきています。

「完成に近い建築現場があれば見たいのですが」と言ってきたので、会社で企画した現場見学会にお誘いすることにしました。

私　　「おススメの物件があるので、いかがでしょうか？」
お客様「いいですね。ところで間取りはどのような感じでしょうか？」
私　　「南玄関ですが、40坪の大きさで和室があるタイプです」
お客様「あぁ、そうですかぁ。和室は考えていないので、今回はやめておきます」
私　　「そうですか。わかりました」

このお客様Aさんは、和室を設置せずに大きいリビングを考えているということもあり、話に乗ってきませんでした。
まあ、しかたがありません。

その翌日のことです。
お客様Bさんに対して、次のような言い方にして声をかけてみました。

私　「Bさんが考えているご希望に非常に近い建物があるのですが」
お客様「それはいいですね！」
私　「大きさも40坪とご希望に近いですし、〝洗面所、お風呂、寝室〟など参考になると思います」
お客様「すぐに見たいです。いつなら見られますか？」
私　「今週の午前10時はいかがでしょうか？」
お客様「大丈夫です。ぜひよろしくお願いします」

その週末、お客様Bさんは現場見学会に参加してくれました。

そして、「実際の大きさが体験できて非常によかったです」とご満足いただき、その後、話がとんとん拍子に進み、無事に契約となりました。

営業パーソンとしては、いろいろおススメしたい商品があることでしょう。

でも、ただ単に「おススメの商品がありまして」では、お客様はピンときませんし、どこをどう参考にしていいかわかりません。

お客様によっては「適当にあてがったのでは？」と疑うこともあります。

部分的にでも参考になるのであれば、**「お客様のご希望に非常に近い○○があるのですが」**と伝えることが大切です。

このように言われると、お客様は思わず承諾してしまうのです。

お客様のニーズにピントを合わせることで、アポの数を増やしていきましょう。

POINT

参考になるポイント、見どころをはっきりと伝える

04

限定することで希少性を高める

○ 心が動くフレーズ

2日間限定で特別にご
案内できます

× ありがちなフレーズ

お客様のご都合のいい
ときにご案内できます

心理術の1つに“希少性の原理”というものがあります。これは、入手が困難なものほど、より価値のあるものだとみなす性質のことを言います。「いつでもいい」と言うのではお客様は動きません。期間を限定して、希少性を高める言い方でお客様にアプローチしてみましょう。

人は限定性に弱いものです。

たとえば、チラシやウェブサイトの広告でよく見かける、

●20個限定
●2日間限り
●10名様限定

といったフレーズ。

「このチャンスを逃せば手に入らなくなってしまう……」

そう思うからこそ、お客様は**「なんとかして時間をつくるぞ」**と行動します。

アマゾンのプライム会員向けに〝年に1度のプライムデー〟という企画があります。

2日間限定でいろいろな商品が割引になるのですが、私は何日も前から楽しみにし、その日は早く仕事を切り上げます。

そして、いろいろな商品を購入するのです。

商品が届いたときになって、「冷静に考えれば、そんなに安くなかったな」と思うこともよくあります。

それをわかっていても、毎年同じことをやってしまうのですが。

これがもし、〝毎日プライムデー〟というものだったら、どうでしょうか？

たいして安くない商品やいらない商品を勢いで買うことはありません。

〝1年に一度、2日間しかない〟というのがポイントなのです。

このように**〝希少性の原理〟**は、何かを限定することで効果を発揮します。

何で限定してもいいのですが、**日程、時間について限定して成功している好例**を紹介します。

知人の不動産の営業パーソンの話です。

その営業パーソンは建物と土地の仲介をしています。

土地はいつでも見られますし、建物やマンションも、工事が入っていなければ、いつでも内覧できるものです。

しかし、その営業パーソンは、あえて2日間に限定します。

具体的には、見込みのお客様に対して、

【2日間限定　○○の物件を特別にお見せいたします】

という企画を考えて実行します。

「これから工事に入る」「オーナーさんの都合により」などと理由をつけて、2日間に限定するのです。

彼は、この方法で多くのお客様を動かしています。

これがもし、「いつでも内覧できますよ」という言い方だったら、ほとんど反応がないでしょう。

もう1つ、事例を紹介します。

以前、私がお世話になった住宅会社の社長の話です。

その社長は、さらに時間を絞った企画を実施しています。


【『〇月〇日11時〜14時』の3時間に限り、特別に建物を公開します】


この社長は、ほぼ1人で会社を回していることもあり、朝から夕方まで対応している時間がないのです。

はじめはしかたがなく限定したとのことですが、それが幸いし、見学会の価値が急上昇。

いまでは、この方法で1日に5〜7組のお客様を誘致しています。

3時間に限定するまでは、

「1日中現場に張りついていても、近所の冷やかしのおばさん1人しか来なかった」

と言っていました。


限定することには、これほどの威力があるのです。

「いつでもご案内できます」では、お客様は動いてくれません。

それが日程や時間を限定されると、お客様は少しくらいの用事があったとしても、自ら動いてくれるのです。

人は**「この機会を逃したら二度とチャンスがない」**ということに弱いものです。

「いつでもＯＫ」ではなく、期間を限定した言い方にして、お客様に伝えてみてください。

加えて、期間を限定した**〝理由〟**も伝えるようにすると完璧です。

必ずいい反応を得られることでしょう。

POINT

「なぜその日でないとダメなのか？」という納得できる理由を伝えたうえで限定する

05

お客様が真剣に話を聞いてくれる接し方

○ 心が動くフレーズ

これから○○の説明をしてもよろしいですか？

× ありがちなフレーズ

こちらの商品がイチオシでして

お客様におススメの商品を紹介しても話を聞いてくれない。よくある悩みですが、そんなときはその説明の前にお客様から承諾をとるようにしましょう。そうすれば、お客様にしても「ＯＫしたんだし、真剣に聞かなくては」と思うようになります。それからじっくり説明をすればいいのです。

お客様にイチオシの商品の説明をする。

結果も出したいですし、会社からもそうするように指示されています。営業パーソンとして、「イチオシの商品をうまく説明して売りたい」と思うのは当然のことです。

しかし、その気持ちをグッと抑え、まずは**「これから○○の説明をしてもよろしいですか?」**とお客様から承諾をとるようにしてください。

意外に思えるかもしれませんが、このように承諾をとっている営業パーソンはほとんどいません。簡単で非常に効果的な言い方なのにもかかわらず、大多数の人がやっていないのです。

仮にですが、あなたがスマホを買い替えようとしたとします。

スタッフから**「これから料金プランの説明をしてもよろしいですか?」**と聞かれたらどうでしょう?

必要だったら、「では、お願いします」と答えるでしょう。

ただ、あなたが知りたいのは料金プランではなく新機種の性能だったとすれば、

「その説明は大丈夫なので、新機種の性能について教えてもらえますか?」と伝えると思います。

このように、お客様から前もって承諾をとることで営業パーソンは不必要な説明をすることがなくなりますし、お客様にとっても聞きたくない説明を聞かずにすむのです。

双方メリットのあるトークです。

また、承諾した以上、お客様には**話を真剣に聞く義務**が発生します。

飽きっぽいお客様であったとしても5分、10分程度であれば、しっかり話を聞いてくれます。

このように言い方を少し変えるだけで、お客様の反応はガラッと変わってくるのです。

私自身、このことを経験したことがあります。

ダメ営業時代の私は、会社が押している商品をどのお客様にも「これがイチオシ商品です!」と説明していました。

実際、その商品は値引き率も高く、非常にコスパがいいものでした。会社が押すのもわかります。

しかし、必ずしもすべてのお客様が〝コスパのいい商品が好き〟というわけではありません。

あるお客様は「床暖房の話を聞きたい」と思っていますし、また別のお客様は「最新のキッチンについて知りたい」と思っているのです。

そんなところへ、「この商品は品質を落とさず、従来よりも15%コストダウンしております。その理由は……」などと説明したらどうでしょう?

たしかに「建物はコスパ重視だ」と考えているお客様にあたれば、このトークは効果的かもしれません。

ただ、それ以外のほとんどのお客様からは、「この営業パーソンは、なんで私が興味のない話をするのだろう。ダメだな」と見切られてしまいます。

その一方で、説明をする前に**「これからコスパのいい商品について説明してもよろしいでしょうか?」**と聞いていたらどうでしょう?

興味があれば、「ではお願いします」となりますし、興味がなければ、「それは必要ないので大丈夫です」となるでしょう。

どんなに素晴らしいセンスをもっている営業パーソンだとしても、すべてのお客様に対して〝この説明をしたほうがいいのか？　それとも説明しないほうがいいのか？〟ということを正確には判別できません。

では、どうすればいいのか？

そう、お客様に**「これから〇〇の説明をしてもよろしいですか？」**と一言聞けばいいだけの話なのです。

ぜひ、事前にお客様から承諾を得ることを心がけてください。

POINT

事前に承諾をとればピントが合った説明ができる

06

天邪鬼のお客様をその気にさせる

○ 心が動くフレーズ

もったいないじゃないですか。まだ使えますよ

× ありがちなフレーズ

ずいぶん使いましたね。買い替えどきですよ

基本的にお客様というのは、売込みに対して拒絶します。その意味で、恋愛のテクニックの“押してダメなら引いてみろ”は営業でも効果的です。売らないようにすることで逆に売れるということもあります。天邪鬼のお客様にはとくに効果的な方法です。

お客様の多くは、営業パーソンに対して天邪鬼《あまのじゃく》になるものです。

たとえば、営業パーソンから「そろそろ取り替えどきですから」と言われれば、「いや、まだまだ使えますよ」と返す。

逆に**「もったいないじゃないですか、まだ使えますよ」**と言うと、「いやぁ、きれいに見えますが、中身は限界でしてね」と本音を話したくなるものなのです。

これは、私が一営業だったときにもよく体験しました。

家は建て替えの見極めどきが難しく、〝建て替えるか？　それともリフォームにするか？〟と迷うお客様も少なくありません。

とくに築20〜25年の家に住んでいるお客様は、たいてい迷います。

あるお客様とのことです。

当時、新築の営業をしていた私は、なんとか新築の方向に行くように誘導します。

私　「こちらの床は沈みがあります。やはり建て替えどきだと思いますが」

お客様「そこは多少ありますが、直せば大丈夫でしょ」

私　「リフォームをしていろいろ手をかけても結局、建て替えるというケースもありますし」

お客様「そうかもしれませんが、まだ十分住めますしね」

私が新築の話をすればするほど、お客様は頑《かたく》なに否定してきます。その後も新築の方向へもっていこうと頑張りましたが結局、話は消えてなくなったのです。

その後のことです。

また似たような〝新築かリフォームかで迷っているお客様〟と出会いました。古い家ではありましたが、丁寧に住まれており、あまり問題を感じません。そのままでも、しばらくは住んでいける建物です。

私は、このようにお客様に言いました。

私　「つくりがしっかりしていますし、問題ないと思いますが」

お客様「リフォームか建て替えかで迷っていましてね」
私　「建て替えなんてもったいないじゃないですか。まだ住めますよ」
お客様「そうなのですが、じつは中身はガタがきていましてね。手をかけても最後は建て替えになるのではないかと思っています」

このように自ら新築の方向で話を進めてきたのです。

結局、新築の商談になり、無事に契約となりました。

私は契約になった後、その理由を聞いてみました。

すると、お客様は**「他社の営業は最初から〝建て替えたほうがいい〟と言ってきましたが、菊原さんだけは〝建て替えなんてもったいない〟と言ってくれました。だから信用できました」**と言ってくれたのです。

自分の所有物を否定されて気分のいい人はいません。

買い替えどきの商品で購入を迷っているお客様に対しては、まずもっているものを褒めてあげてください。

また、**「もったいないじゃないですか」**という言葉も効果的です。

ただし、その根底には**〝自分の利益ではなく、お客様の利益を最優先する〟**という考えがあることを忘れないでください。

こういった話を聞くと、「せっかくのチャンスをフイにしてしまうのでは」と思うかもしれませんが、お客様はあなたの前にいる時点で**「できれば購入したい」**と考えているのです。

そうでなければ、わざわざ貴重な時間を使って営業パーソンに会うことなどありませんからね。

ですから、「まだまだ使えそうですが」と言っても、まったく問題ありません。

多くのお客様は、きっと**「いやぁ、きれいに見えますが、中身はボロボロでしてね」**と本音を話してくれるはずです。

あなたは、それからじっくりと話を進めればいいのです。

POINT

お客様は自分の所有物を褒められると嬉しく思う

07

「まだ先」と言われたときの上手な返し方

○
心が動くフレーズ

そういうお客様もいらっしゃいますから、ご安心ください

×
ありがちなフレーズ

なぜ、いま検討しないのですか？

営業パーソンの一番の壁は、お客様からの「まだ先の話なので」という断り文句です。こう言われてしまうと、一気に営業へのモチベーションが下がります。この断り文句をサラッとかわし、商談のチャンスをつかみましょう。

営業活動をしていて最も嫌なのは、**「お断りします」**とスパッと断られることです。

これはダメージを受けます。

そして、その言葉に負けずとも劣らずに嫌なのが、**「まだ先の話なので」**という一言ではないでしょうか？

まだ先ということは**「いまは契約しない」**という意味です。

これほど営業パーソンからやる気と元気を奪う言葉はありません。


あなたも、お客様から「まだ先の話なので」と軽く断られた経験があることでしょう。

だからといって、アッサリ引いてばかりもいられません。

そんなことをしていれば、いつまでたってもチャンスをつかめませんからね。

では、どうすればいいのでしょう？

たとえば、あなたはその言葉を跳ね返そうと、「先延ばしをする理由が何かあるのでしょうか？」と質問してみたり、「では、いつごろ本格的に検討されるのでしょうか？」と言ったりしていませんか？

しかし、こうした質問をすればするほど、お客様は逃げてしまうのです。

私がダメ営業だったときのことです。

お客様が住宅展示場に来店します。

お客様が自ら来店してくれているわけですから、飛び込みの新規開拓に比べれば、圧倒的にラクに思えます。

しかし、これがなかなかうまくいきません。

お客様と一緒に歩きながら、ポイントとなる部分で「こちらが弊社の耐震システムになっております。重りをつけることによって揺れを軽減し〜」といった説明を始めます。

このトークもタイミングもマニュアルどおりです。

ところが、説明し始めて3分もしないうちに、お客様の顔色が曇り出します。

そして例の言葉、**「まだ先の話ですから、説明はけっこうです」**とバッサリやられるのです。

こうなると打つ手がありません。

それからお客様は私の存在を無視するかのようにして勝手に見学し、そのまま帰っていきます。

これでゲームオーバー。

1つチャンスを潰したというわけです。


当時の私は、「トップの人はどんな状況でも切り返すマル秘トークがあるのだろうな」と思っていました。

しかし、あるとき、トップ営業から**「お客様のはじめの断りは〝本当の断り〟ではない」**という話を聞いたのです。

本当の断りではないということは、要するにウソということです。

ウソに対して「どうしてでしょうか？」と理由を聞いたり、追及したりする必要はありません。

ウソに対する理由を聞かれても、お客様は困るだけですからね。

トップ営業は、私に言いました。

「だから、こんなときは理由を聞いたりせずに、サラッと流してしまえばいい」と。

それから私は、お客様からの「まだ先の話ですから」という断りに対して、**「そういうお客様もいらっしゃいますから、ご安心ください」**と言い方を変えました。

するとどうでしょう。

お客様が私を拒否することがなくなったのです。

当然、それからはまた自然に話ができるようになります。

結果として、そこからアポイントがとれ、契約に結びつく、というケースがたくさん出るようになりました。

苦戦している営業パーソンは、断りに関して「応酬話法でなんとか対抗しよう」などと思うもの。

だから、つい「どうしてなのでしょうか?」と迫ってしまいます。

残念ながら、これではお客様から嫌われ、チャンスを潰してしまうだけです。

そんなことをするより、**お客様の断りをサラッと流したほうがいい結果につながります**。

たとえば、次のような感じです。

「ほとんどのお客様がそうですから、問題ありません」
「あせらないで、ゆっくり検討してください」
「今日、結論を出す必要はありませんからね」

自分の好きな言い方でかまいません。

このようなトークでお客様を安心させることでチャンスを広げましょう。

POINT

断り文句をサラッと流せば、次の展開が見えてくる

第2章

「初回面談」のお客様とは、話がまったく盛り上がりません

―― 信頼を生む声かけで、距離を縮める

08

“軽い暴露トーク”で お客様の心をつかむ

○ 心が動くフレーズ　　× ありがちなフレーズ

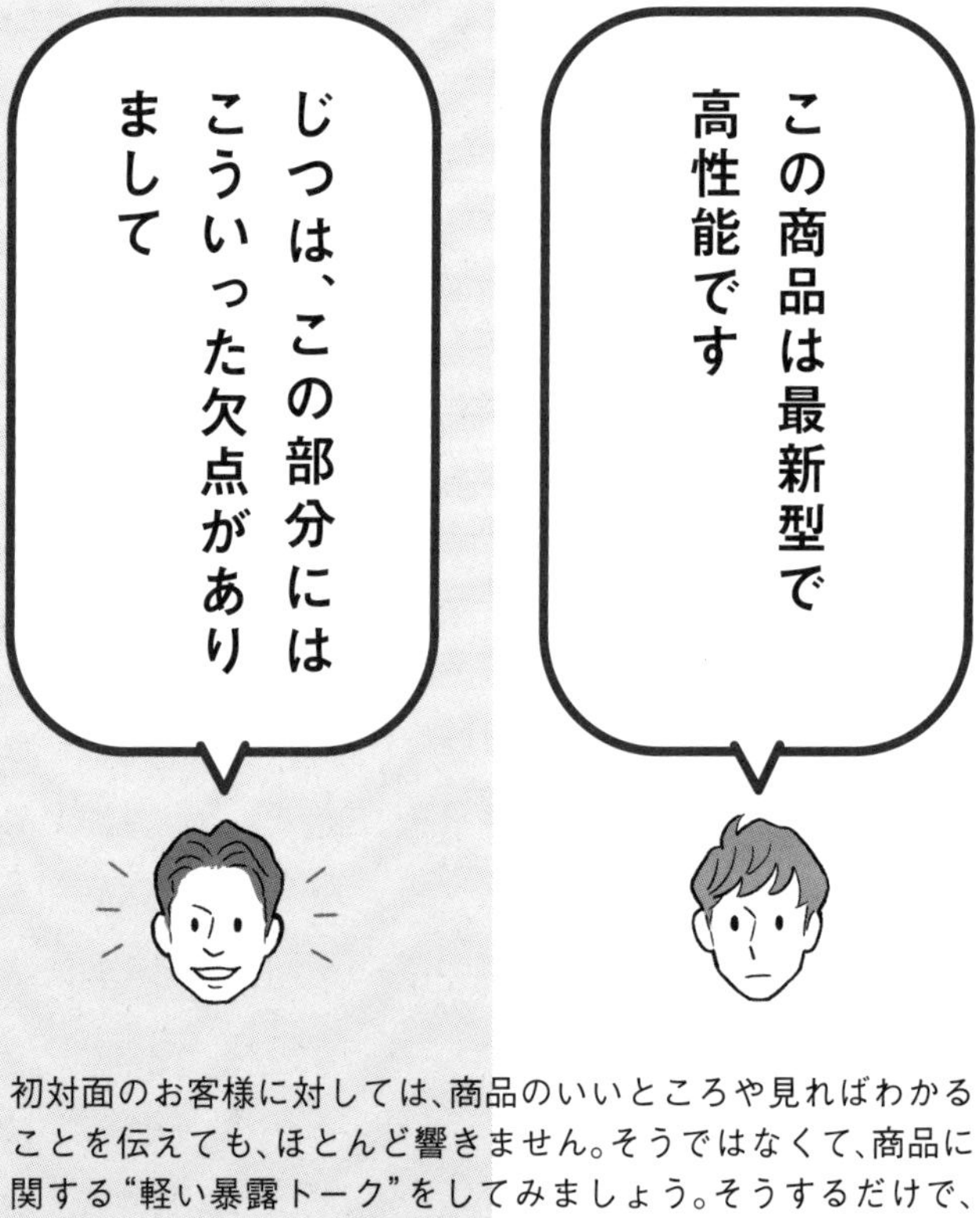
じつは、この部分にはこういった欠点がありまして
この商品は最新型で高性能です

初対面のお客様に対しては、商品のいいところや見ればわかることを伝えても、ほとんど響きません。そうではなくて、商品に関する“軽い暴露トーク”をしてみましょう。そうするだけで、お客様はいままでの何倍も話を聞いてくれるようになります。

一般的に営業パーソンの多くは、お客様に対して「これが最新型です」「こんな性能がありますす」など、「まあ、そりゃそうだろうね」といった、見ればわかるようなトークをする傾向があります。

そんな中、**「じつは、この部分にはこういった欠点がありまして」**と言ってくる営業パーソンがいたら、どうでしょう？

きっと、**「この人は、他の人とはちょっと違う」**という印象をもつはずです。

たった一言のトークで、「この人は信用できそうだ」と興味をもってもらえることもあるのです。

私が新しいテレビを購入しようと思ったときのことです。

「ネットで買おう」とも考えましたが、せっかくなので接客も体験したいと思い、リアル店舗に行くことにしました。

まずは、A電機に行くことに。

店舗に入ってテレビコーナーに行くと、すぐに1人の店員さんが近づいてきます。

「40～45インチくらいのテレビを買おうと思っている」と伝えると、「こちらのテレビは最新型で、画像がキレイでいいですよ」と説明してきます。

薄型でなかなかよかったのですが、相応に高い金額です。

私が難色を示すと、今度は「では、こちらがいいですよ。コスパもいいですし」と別の商品を勧めてきます。

失礼な接客ではなかったものの、まったく買う気が起こらず、お店を出ました。


その帰りに、たまたま通ったB電機に入りました。

私の心境としては、「とりあえず金額だけ見て帰ろう」と、ほとんど買う気はありませんでした。

そこでお会いした店員さんは、素朴な雰囲気で、とくに売り込んではきません。

希望の大きさのテレビを見ていると、**「じつは、この機能はほとんど意味がないんですよ」**と言ってきます。

さらには他の商品についても、**「この機能は便利ですが、こんな欠点もあります」**と教えてくれたのです。

この一言二言で、私は「この店員さんは信用できるぞ」と判断しました。

信用できる人からの「普通に使うのでしたら、このグレードくらいがベストです」という提案には説得力があります。

はじめこそまったく買う気がなかったものの、結果として**「この人からどうしても買いたい」**と思い、即購入を決めたのです。

お客様に対して、「それは見ればわかるよ」といった説明をしていないでしょうか？

「先月出た最新モデルです」「高性能で、こんな機能があります」といった説明をしても、お客様にはまったく響きません。

そうではなくて、「これは知らないだろうな」といった情報を提供するのです。

あとで支障にならない程度の**〝軽い暴露ネタ〟**がベストです。

ぜひ、こういった情報をうまく伝え、お客様の心をつかんでください。

POINT

他の営業パーソンとは一味違ったトークでインパクトを与える

09

メリットとデメリットのギャップを利用する

○

心が動くフレーズ

この部分は弱いですが、ここはとてもいいです

×

ありがちなフレーズ

この商品には3つのメリットがあります

先ほどの項目では、「“軽い暴露トーク”でお客様の心をつかむ」という話をさせていただきました。この項目では、そのバージョンアップ編である“デメリット・メリットトーク”の活用法について紹介します。こちらも知っておくと便利です。

郵便局で学資保険の解約に行ったときのことです。

「そのお金をすぐに使わないのであれば、利子がつく商品にお金を入れておいたほうがいいですよ」と提案されました。

たしかに、それは納得できる提案です。

私は、話を聞くことを承諾しました。

すると、その窓口の人はパンフレットを出して、「この金融商品には3つのメリットがあります」と言ってきます。

「いまなら手数料が無料です」

「毎月引き落としにすると、金利が○%アップします」

「連動型なため、ローリスクでしっかり利益が出ます」

私はどんなトークをするのか興味があったので話を聞くことにしたのですが、つまらないメリットの羅列ばかりでした。

ただ、すぐに話を遮《さえぎ》るのも気が引けたので、その後、話をもう少しだけ聞き、きっぱりとお断りしました。

私は営業トークの研修で、**「メリットを3つ以上続けて話してはなりません」**とよく言っています。

その理由は、メリットの話が3つ以上続けば、お客様も飽きてきますし、何より「本当にそんないいことばかりあるの?」と疑う気持ちが出てくるからです。

ふだんあなたがお客様にしているトークを思い出してください。

もしかしたら、「この商品のいいところは○○です。また、最大のメリットは独自の製法により、○○できることです。さらには○○というのいい面がありまして……」といったトークをしていませんか?

どんな商品でも、デメリットはありますし、お客様はそれを知っています。

そこを1つも説明せずにメリットだけを羅列しても、いい結果にはつながりません。

心理学の1つに **〝片面提示・両面提示〟** というものがあります。

いい面だけを言う人はうさんくさく感じられ、いい面と悪い面の両方を言ってくれる人は信頼を得られるというものです。

先ほどの郵便局でのトークであれば、**「こういったリスクがあるのですが、この部**

分はとてもいいです」という組み立てだったら、結果は違っていたと思います。

メリットだけのトークと比べて、一気に信ぴょう性が高くなるのです。

私が推奨しているトークに**〝デメリット・メリットトーク〟**というものがあります。

これは文字どおり、はじめにデメリットを言い、その後にメリットを言うというトークです。

メリットを羅列する癖がある人は、この〝デメリット・メリットトーク〟を試してください。いままでになかったような、いい反応を得られるようになります
人はいい面だけを伝えても信じません。

やはりメリットとデメリットの両方を教えてくれる人を信用するのです。

POINT

デメリット→メリットの順で伝えれば、信ぴょう性がグンと高まる

10
完全に引いている お客様への突破口を見出す

○ 心が動くフレーズ

〝お客様〟と呼びたくないので、お名前だけ教えていただけますか？

× ありがちなフレーズ

アンケートにご記入ください

お客様が自ら要望をどんどん話してくれれば、接客はとてもラクです。しかし、そんなお客様はほとんどいません。ときには何を言っても無視するお客様もいます。そんなときの突破口の見つけ方についてお伝えします。

以前、健康器具の専門店に行ったときのことです。

私はパソコンを使っての仕事が多いこともあり、常々「血流をよくしたいなぁ」と考えており、前から興味はありました。

ただ、国道沿いにある単独店舗だったので入りにくく、「入ったらマンツーマンで店員につかれるのでは」と警戒していました。

案の定、店舗に入ると、すぐに若いスタッフが出てきます。

そのスタッフは元気に挨拶をして、丁寧に名刺を差し出してきました。そして、名刺を受け取ると、すぐに「こちらのアンケートにご記入ください」と言ってきます。

過去に私がやっていた住宅営業と同じようにマニュアル化されているのでしょう。

しかし、**いきなりのアンケートには、誰しもプレッシャーを感じる**ものです。

そこで、そのスタッフに対し〝迷惑ですよ〟という雰囲気を出しながら、「アンケートの前に、ちょっとお店の中を見ていいですか?」と伝えました。

そう言うと、スタッフはスッと離れていきました。

数分、商品を見ていると、先ほどのスタッフが「お客様、ここにないデザインのものもありますから」などと再び声をかけてきます。

そして、しばらくやりとりをしたところで、**「〝お客様〟と呼びたくないので、お名前だけ教えていただけますか？」**と言ってきたのです。

私は、名前くらいは教えてもいいと思い、「菊原と言います」とお伝えしました。

それからはポイントとなるところで「菊原さんはどう思いますか？」と聞いてきたり、「これは菊原さんのニーズに合っていますよ」と言ってきたりします。

不思議なもので、名前を呼ばれるたびに、少しずつ距離が縮まった気になります。

気づけば自らアンケートに記入し、購入を決めていました。

名前を呼ばれる効果をお客様として実感したのです。

お客様の名前を呼ぶ方法は、さまざまなところで使われています。

たとえば、飛行機のビジネスクラスの席に座るとＣＡさんがやってきて、「菊原様、ご利用ありがとうございます」と挨拶に来てくれます。

〝お客様〟と呼ばれるのと〝菊原様〟と名前で呼ばれるのとでは、ずいぶん気分が違います。

名前を呼ばれるだけでＶＩＰになった気分になり、嬉しく感じるのです。

いまのお客様は警戒心が強く、なかなか個人情報を教えてくれません。会社のマニュアルどおりにいきなりアンケートの記入をお願いしても、了承してくれないことも多いでしょう。

そんなときは、**「″お客様″と呼びたくないので、お名前だけ教えていただけますか？」**とお願いしてみましょう。

そして、名前を教えてもらえたら、意識的に数回、名前を言ってみてください。名前を呼んでいるうちに距離が縮まるはずです。

アンケートの記入を断るお客様や話を聞いてくれないお客様に対しては、名前を聞くようにしましょう。

そこから突破口が見出せることは、意外なほど多いのです。

POINT

アンケートの記入を断られてもまだチャンスはある

11

競合を褒めて自身の魅力度を上げる

○

心が動くフレーズ

耐久性は当社のほうが勝っていますが、デザイン性はA社が勝っています

×

ありがちなフレーズ

A社はトラブルも多いですし、評判が悪いですよ

競合の存在を知ると、どうしても攻撃したくなるものです。しかし、安易に悪口を言ったのでは魅力的には思ってもらえません。他社の悪口を言うのではなく、思いきって褒めてしまうのです。その余裕があなたを魅力的に感じさせます。

お客様に競合相手がいるとわかったとたん、他社の攻撃を始める営業パーソンは少なくありません。

過去の私がそうでした。

お客様から「A社とB社も検討しようと思ってね」という話を聞けば、さまざまな情報を調べ上げ、それぞれの会社の弱点を見つけ出します。

そして、まずはA社について、こう伝えるのです。

「このデータを見てください。A社はこのカテゴリーの中で最も強度が低くなっています」

続けてB社については、こんな具合に伝えます。

「B社はこのデータを見ていただければわかるように、安いだけで品質はかなり低いです。絶対にやめたほうがいいですよ」

このようにデータがあるものだったらまだしも、風のうわさで聞いたような「A社は強引な営業パーソンが多いと聞きますし、B社はお客様とのトラブルも多いみたいです」などという悪口を言ったこともよくありました。

過去の私のように他社の悪口を言う人には、お客様は魅力を感じません。

他社の悪口ばかりを言っているようでは、「なんかこの営業パーソンと話をしていても楽しくないな。他の人にしよう」と、お客様から見切られてしまうことになるのです。

その一方、トップ営業は他社の悪口を言いません。

そのかわりに **〝お客様にとって役立つ情報〞** を伝えます。

先ほどの例で言えば、**「耐久性については当社のほうが勝っている点がありますが、デザイン性についてはA社、価格についてはB社のほうが勝っています」** といった説明をします。

自社の商品やサービスを他社と比較したうえで、**〝どのような違いがあるのか〞** を客観的に伝えるわけですね。

他社のいい部分はいいと褒める――。

お客様は、こうした営業パーソンに対して魅力を感じるのです。

たしかに競合がいると、蹴落としたい気持ちになり、思わず相手の悪口を言いたくなるもの。

しかし、ここはグッと我慢しましょう。

そのかわり、客観的でお客様のためになる話をしてください。

悪口ばかりの営業パーソンからお客様は商品を買いたいとは思いません。

競合の存在を知ったときこそ、思いきって褒めてしまいましょう。

そのほうがいい結果につながるものなのです。

POINT

競合の悪口を言うのは百害あって一利なし

12

「ムダなものは売らない」というスタンスを見せる

○ 心が動くフレーズ

私が〝必要ない〟と判断した場合、お売りすることはできません

× ありがちなフレーズ

どんなものでもご用意させていただきます

営業をしている以上、誰しもできるだけ多く契約をとりたいと思うものです。そんな中、「いまの状況では必要ないと思いますよ」と言ってくる営業パーソンがいたらどうでしょう？　その一言で営業パーソンしての価値は最上級になります。

異業種から転職して生命保険の営業パーソンになる人はたくさんいます。

過去に2人の対照的な先輩営業パーソンがいました。

先輩Aさんは、私の会社を辞めて大手生命保険会社に就職。

私の事務所によく顔を出し、「今月苦しいんだ。何でもいいから保険に入ってくれ」と頼み込んできたものです。

Aさんには新入社員のころからお世話になっていることもあり、〝月々数千円の定額の保険〟に加入したこともありました。

当時、独身の私には必要のない保険でしたが、しかたがありません。

Aさんは、私以外にもこういった売り方をしていたようです。

いままでの人間関係を利用するだけの営業をしていれば、すぐに相手にされなくなります。1年もしないうちにAさんの姿を見なくなりました。

一方、もう1人の先輩Bさんは、「今月苦しいから頼む」などとは迫ってきません。

顔を出すときは、「そういえば○○で土地が分譲されていたから、見ておいたほうがいいぞ」と役立つ情報を提供してくれます。

また、「私の会社にこんな面白い資金計画の資料があってね」などと人数分の資料をもってきてくれることもありました。

そうなると、自然に保険の相談をするようになります。

あるとき、後輩が「今度結婚するんですが、保険に入ったほうがいいですよね」とBさんに相談したことがあります。

普通の営業パーソンでしたら〝待ってました！〟と言わんばかりに、「だったら、これとこれに入ったほうがいい」と契約をとっていたでしょう。

しかし、Bさんは違います。

話を聞いたうえで、必要ないと判断すれば、決して保険を勧めてきません。

それどころか、「まだ子どももいないんだから、まずは会社の共済に入ったほうがいい。もしそれで物足りなかったら、そのときに考えればいいのだから」と自分が得にならないことを教えてくれたのです。

その対応を見て、「保険に入るのだったら絶対にBさんに相談しよう」と思ったものです。その後、Bさんは保険業界でも結果を出しました。

以前、生命保険の会社で研修をさせていただいた際、伝説の営業パーソンの話を聞きました。

その方いわく、初めてお会いしたお客様に対しては、必ず**「これからお話を聞いて、私が〝必要ない〟と判断した場合、お売りすることはできません」**と伝えていたとのこと。

この一言でお客様の心をつかむのです。

お客様にとって役立つ情報を提供し、相手が得にならなければ決して商品を売らない――。

こうしたスタンスで仕事をしている人は、営業パーソンとしてお客様から最上級の評価を受けるのです。

POINT

簡単に売ってくれないからこそ
お客様は買いたくなる

13
説明しながら お客様の要望を聞き取る

○

心が動くフレーズ

（質問に答えたうえで）なぜそう聞かれたのですか？　何か理由でもあるのでしょうか？

×

ありがちなフレーズ

こちらのリビングは16畳になります

お客様から質問されて丁寧にお答えする。営業パーソンとして当たり前の行為です。しかし、トップ営業はそれだけでは終わりません。「なぜ、それを聞いたのか？」を深掘りしていきます。それが次のステップ（商談、クロージング）に進めるかどうかの大きな差になることをよく理解しているのです。

私が住宅営業をしていたときのことです。

住宅展示場にいらしたほとんどのお客様は、玄関からリビングへと向かいます。

そして、リビングを見て、「このリビングの広さは何畳ですか?」と質問してきます。

私は、その質問に対して、「こちらはリビングダイニングとあわせて16畳となっています」などと答えていました。

当時の私は、これでまったく問題ないと思っていました。


しかし、トップ営業は違います。

お客様の質問に対して、「それはどうしてでしょうか?」と深掘りするのです。

先ほどの質問であれば、「こちらは16畳です」と答えた後、すかさず**「なぜそう聞かれたのですか? 何か理由でもあるのでしょうか?」**と聞き返します。

お客様が「リビングは広いほうがいいと考えていましてね。参考にしようと大きさを聞いたのです」と言ったとします。

トップ営業は、ここで終わりにしません。

さらに、**「どうして広いリビングをご希望されているのでしょうか?」**と深掘りします。

その際、「いやぁ、なんとなく」と答えるお客様は、具体的な考えはなく、単なるイメージで言っているケースが大半です。

しかし、中には「リビングに釣り竿と魚拓を飾りたくてね。生活するリビングに加えて3畳くらい広くしたいと思っています」などと答える人もいます。

この場合は、単にイメージではなく目的をしっかりもっているということです。

当然、こういった点まで聞き出せれば、話は前進していきます。

お客様からの質問に対しては、「○○です」と答えるだけで終わらせるのではなく、「何か理由があるのでしょうか?」と聞き返してください。

深掘りすればするほど、その後の商談、クロージングが有利になります。

POINT

**お客様への質問は
要望を聞き出す絶好のチャンス**

14

一言でお客様の緊張を解く

○

心が動くフレーズ

先ほどのお客様も○○と言っていましたが、お客様もそうでしょうか？

×

ありがちなフレーズ

ゆっくりご覧ください

お客様は営業パーソンと対面した際、「売りつけられたら困る」と警戒するものです。そこで、お客様の緊張を和らげるような一言を言ってあげましょう。上手な言い方を1つマスターしただけで、商談へのチャンスは一気に広がります。

私は11年間、ハウスメーカーで住宅営業をしていました。

お客様と初めてお会いする場は、住宅展示場か見学会がほとんどです。

どちらであったとしても、お客様にとっては慣れない場所ですから、緊張するのは当然です。

多くのお客様が、「家は見てみたかったけど、営業パーソンが待ちかまえているし、本当に度胸がいったよ」と言っていました。


私もそうですが、新規の場所に入るのは、とても緊張するものです。

そのため、多くのお客様は自分を守るために、無意識に〝**断る理由**〟を考えます。

たとえば、営業パーソンが話を進めようとしたら、「近くを通っただけなので」と言おうと思っています。

私が営業パーソンだったときは、それを肌で感じていました。

だから、来店してきたお客様に対して「ゆっくりご覧ください」と声をかけるようにしていました。

ただ、このフレーズは一見すると問題ないように思えますが、じつはこれだけではお客様の警戒心は解けません。

たとえば自分がお客様として入店した際、店員さんから「いらっしゃいませ」と声をかけられても安心しないように、このフレーズだけでは何かが足りないのです。

したがって、このフレーズに続けて「現在、このようなキャンペーンを行っていまして……」とか、「見積もりまでは無料で行いますから」などと、少しでも話を進めようとすると、「買い物ついでに見にきただけですから」とシャットアウトされます。

こうなるとゲームオーバー。

このお客様は、二度と警戒心を解くことはありません。

私は、このパターンで失敗し続けていました。

その後、私はトークを根本から考え直します。

「ゆっくりご覧ください」と言った後にいきなり説明するのではなく、**「先ほどのお客様は【営業が近くにいるからゆっくり見学できない】と言っていましたが、お客様もそうでしょうか?」**とお客様が安心するような言葉を投げかけるように変えました。

すると、お客様が「そうなんです。以前、嫌な思いをしましてね」と話してくれるようになったのです。

この体験で手ごたえを感じた私は、その後もトークを工夫することで、いろいろと話ができるようになりました。

ちなみに【　　】の中には、〝**過去に断られた例**〟を入れてみると、いいトークになることでしょう。

お客様の警戒心が強いまま、いくら感情を込めて説明したところで、お客様は心を開いてくれません。

共感を得るような言葉を投げかけることで、お客様との距離を縮めましょう。

POINT

警戒心を解ければ、
その後の展望は大きく開ける

第3章

工夫して「ヒアリング」していますが、なかなか本音を引き出せません

——答えやすい質問で、真のニーズをつかむ

15

お客様の予算をスムーズに聞き出す

○ 心が動くフレーズ

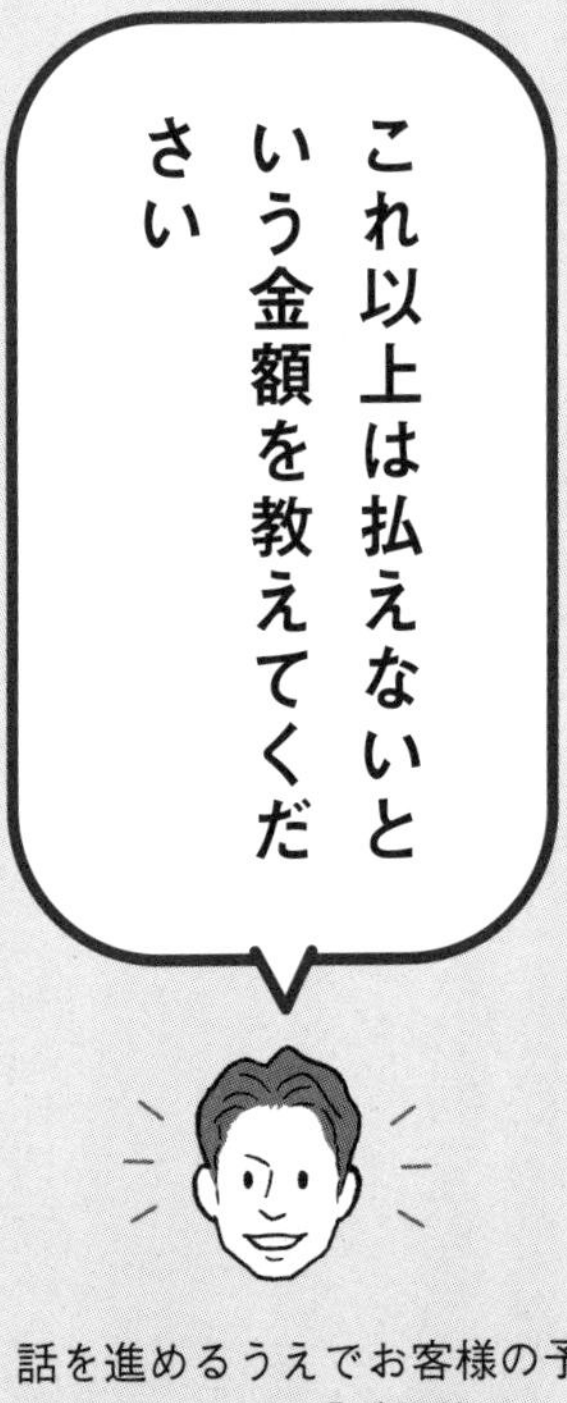
これ以上は払えないという金額を教えてください

× ありがちなフレーズ

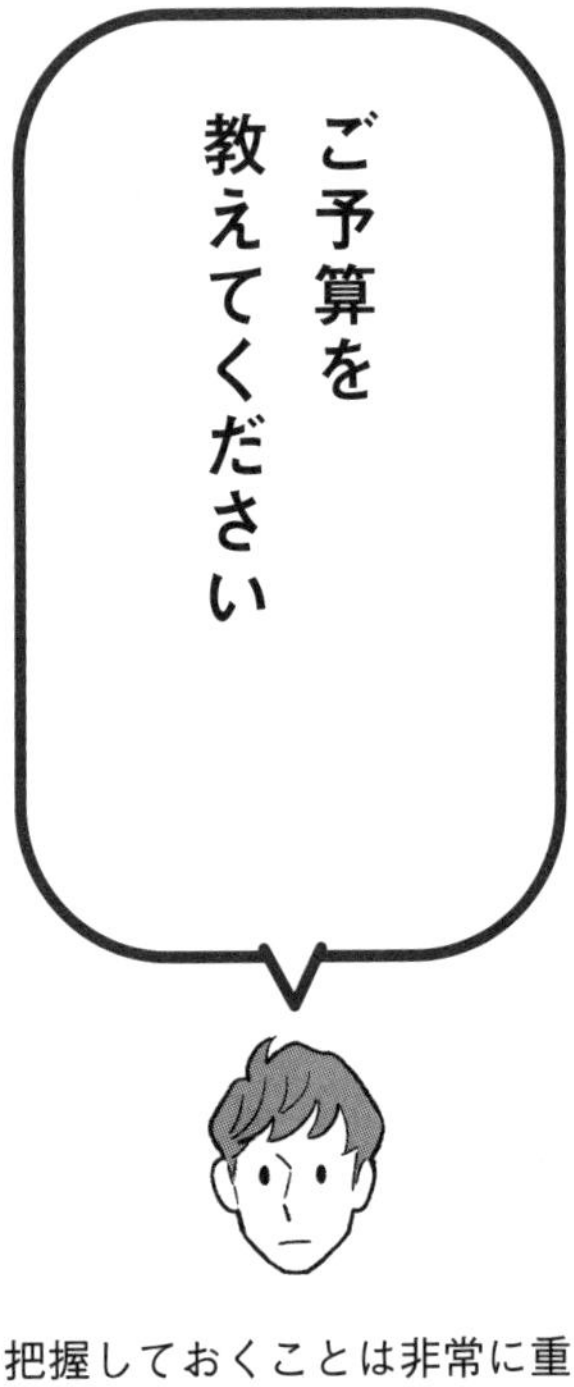
ご予算を教えてください

話を進めるうえでお客様の予算を把握しておくことは非常に重要です。しかし、「ご予算はいくらですか？」とストレートに聞いても、お客様はなかなか本音を話してくれません。そもそもお客様自身がわかっていないというケースもあります。聞き方を工夫して本当の予算を聞き出しましょう。

名刺交換をした際、私の名刺を見て、「大学の講師ですか。講師料って、いくらですか?」、あるいは「1冊書くと、いくら儲かるの?」と質問してくる人がいます。

そうしたことに興味があるのかもしれませんが、こんな聞かれ方では真剣に答える気が起こりません。コミュニケーション能力を疑いたくなります。

しかし、じつは営業パーソンでも、これに近いような質問をお客様に対してしている人もいるので注意が必要です。


知人の紹介で、広告代理店の営業パーソンとお会いしたときのことです。

私自身、広告を出すことに積極的ではなかったのですが、知人からの強い推薦で話だけ聞くことにしました。

そこに登場した営業パーソンは若くてさわやか、高そうなスーツを着ており、営業マナーもしっかりしていそうです。

すると、名刺交換をして3分もたたないうちに「正直な話、予算はいくらですか?」と聞いてきました。

まだどんな広告なのか、いくらが一般的な価格なのかも、まったくわかりません。

紹介だったため最後まで話を聞きましたが、二度とお会いすることはありませんでした。

ダメ営業時代の私も、似たようなことをしていました。

出会って数分もたたないうちに「お客様の予算を教えてください」と質問します。

当然、お客様は答えてくれません。

私は、質問に答えてくれないお客様に対して、「提案するのに必要なんだから教えてくれたっていいじゃないか」と思っていたものです。

お客様にしてみれば、「検討するかどうかもわからないのに、なんであなたに予算を話さなくちゃならないの」と思っていたことでしょう。

また、お客様のほとんどは、いくらまで借り入れができて、月々いくら払っていくのかを理解していません。答えようがないのです。

その後、聞き方を次のように工夫するようにしました。

私　「新築にした場合、〝これ以上は払えない〟という金額を教えてください」

お客様「そうですねぇ。月の支払いが9万円を超えたら生活が苦しくなりますね」

この聞き方だと、〝上限が月々9万円〟ということがわかります。

ボーナス払いや借入年数なども加味する必要がありますが、おおよその目星がつくのです。

あなたも、お客様とお会いしたときにすぐに予算を聞いたり、答えにくい質問をしたりしていないでしょうか？

営業パーソンとしては「別に減るもんじゃないし、教えてくれるだろう」と思っているのかもしれません。

しかし、お客様にしてみれば、その考え自体が失礼なのです。

お客様が答えやすい聞き方に言い換え、予算を聞き出してください。

POINT

本当の予算を聞き出すにはコツがある

16

お客様が悩みを打ち明けてくれるようになる声かけ

○ 心が動くフレーズ

いまの○○に何かお悩みでもあるのでしょうか？

× ありがちなフレーズ

問題解決は私にお任せください！

多くのお客様は「いま抱えている問題を解決したい」と思っています。しかし、いきなり「私にお任せください!」と言われても、すぐにはその気になりません。お客様は、その前に「悩みを聞いてもらいたい」と思っています。まずはじっくり話を聞くことから始めてください。

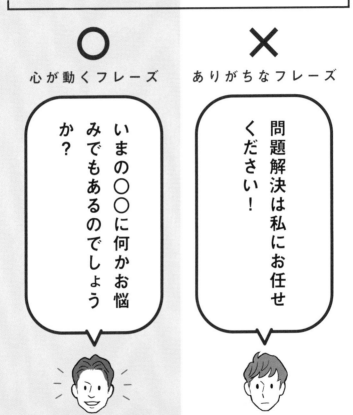

目の前に現れたお客様は、何かしらの悩みを抱えているものです。

しかし、その悩みを営業パーソンにすぐに打ち明けるかとなると、話は別です。


私もお客様として営業パーソンや店員さんとお話ししますが、**「この人に悩みを相談してみたい」**とはなかなか思えません。


多くの営業パーソンは、こちらの話を聞く前から勝手に商品を売り込んできます。

「そんな話より、相談したいことがあるんだけどなぁ……」と思いながら、興味のない説明を聞かされることとなるのです。

また、営業パーソンの中には、出会ってすぐに「問題解決は私にお任せください！」と言ってくる人もいます。

私の場合、このように圧が強いと、たとえ相談したいことがあっても、そっけなく「とくにないので、大丈夫です」と断ってしまいます。

そんな私のことを「なんだぁ、冷やかし客か」などと思っているかもしれませんね。


お客様が悩みを打ち明けてくれないのは、言い方が間違っているからです。

ダメ営業時代の私は、お客様の「とくにありません」という言葉を鵜呑みにしていました。

お客様の言葉を額面どおりに受け取り、「なんだよ、またハズレ客か」とがっかりしていたものです。


ここで、とても大切なことをお話しします。

それは、お客様は信用できる相談相手を探している、ということです。

しかしながら、その悩みを打ち明けられそうな営業パーソンはほとんどいません。

勝手に説明するか、圧が強すぎるか、それともやる気がないか、という営業パーソンばかりなのです。


したがって、お客様と出会ったら、まずは警戒心を解くことを考えてください。

たわいもない雑談でも、お客様が一言でも話をすれば、雰囲気はよくなっていきます。

そして、それができたら、**「いまの〇〇に何かお悩みでもあるのでしょうか？」**と質問しましょう。

この時点では圧をかけず、**「私はどちらでもいいのですが、もし悩みでもあればお聞きしますよ」**といったライトな感じがベストです。

実際、トップ営業と言われる実績を出せるようになったときの私は、お客様の警戒心を解いた後、サラッと**「いまのお住まいに何かお悩みでもあるのでしょうか？」**と聞いていました。

すると、お客様は「じつは来年アパートの更新期限が切れましてね。それに上の子から〝自分の部屋が欲しい〟とせがまれるようになりまして」といった具合に、悩みを打ち明けてくれるようになったのです。

お客様の悩みがわかれば、それを解決するだけです。

話もスムーズに進んでいくことでしょう。

POINT

お客様は軽めの「何かお悩みでもあるのでしょうか？」を待っている

17

お客様がウソをつけなくなる聞き方

○ 心が動くフレーズ

必要なことだけ質問しますが、よろしいでしょうか？

× ありがちなフレーズ

いくつか質問します

お客様に提案するための要望を聞き出すのがヒアリングの役割です。でも、そのヒアリング内容の精度が低かったり、ウソだったりしたらどうでしょう？　これでは、いい提案書は作成できません。言い方を工夫して、正しい情報を引き出しましょう。

営業で結果を出すためには、お客様からじっくりと要望をヒアリングする必要があります。

お客様の要望を聞かなければ、それにマッチした提案ができませんからね。

多くの営業パーソンは、会社で用意しているヒアリングリストをもとに聞き取りをします。


ただし、その際の聞き方には細心の注意が必要です。


投資会社の営業パーソンとお会いしたときのことです。

名刺交換をして軽く雑談をした後、次々と質問をしてきます。

2つ3つならまだしも、5つ6つと続くと、「個人情報をとられるようで嫌だな」と思うようになります。

ウソこそつかなかったものの、適当に答えた感じで面談は終わりました。

その後、提案書が送られてきましたが、まったくピンとこないものでした。

私が本心を答えなかったのでしかたがありませんが、質問攻めにあうのは、それほど嫌なものなのです。

その後のこと、リモートで別の投資系の営業パーソンと面談しました。

この営業パーソンは、先の営業パーソン以上に質問攻めしてきます。

10分ともたずに、私は「ちょっと用事があるので」とルームから退出しました。

はじめこそ「リモートだから気軽に相談できるかも」と思っていたものの、ヒアリングが始まって、すぐに嫌になりました。

質問攻めは、リアルでもリモートでも気持ちがいいものではありません。

しかし、このように質問攻めしてくる営業マンは少なくないというのも事実。

いい提案書を作成するためにヒアリングは重要ですが、聞き方には本当に注意しなければならないのです。

以前、ある生命保険のトップ営業から、ヒアリングを始める際には**「これから必要なことだけ質問させていただきます。よろしいでしょうか?」**と許可をとっているという話を聞きました。

許可をとれば、お客様は真剣に答える義務が発生します。

以来、私もこの言い方をするようにしていますが、一度もお客様から断られた経験がありません。シンプルに「いくつか質問します」と言うのとは、お客様の受け取り方が違ってくるのです。

「必要なことだけ」と言われたお客様は、「必要なことだから正直に話さなくては」という気持ちになります。

真剣になりますし、簡単にはウソがつけなくなるというわけです。

この状態で聞き取った情報は、非常に価値があります。

間違いなく、いい提案書が作成できるようになります。

お客様からヒアリングをする前に、ぜひ**「必要なことだけ質問させていただきます」**と言ってみてください。

この一言には絶大な効果があることを体感できるでしょう。

POINT

質問攻めをすればするほど、お客様は逃げていく

18 思わずお客様が話したくなる質問

○ 心が動くフレーズ

不満、不快、不足を教えてください

× ありがちなフレーズ

今後のビジョンを教えてください

目標設定のやり方の1つに「やりたいことを見つけるなら、まずはやりたくないことをはっきりさせる」というものがあります。これを応用して、お客様に夢やビジョンを聞く前に、いま抱えている問題点を聞き取ります。そうすることで要望が浮き彫りになってくるのです。

法人営業のトップ営業とお会いしたときのことです。

彼は、**「私がトップ営業になれた秘訣は〝聞き方を変えたこと〟にあります」**と言っていました。

それまではお客様に対して、「御社の今後のビジョンを教えてください」といった聞き方をしていたそうなのですが、この質問では、聞かれたほうも答えにくいもの。ビジョンを即答できる人は、ほとんどいません。

そこで、お客様に対して不満、不快、不足を聞くように変えたというのです。

たとえば、次のような感じです。


「いまお使いの〇〇に何か不満な点はありますか？」

「使いにくい点はありますでしょうか？」

「もう少しこうなれば、という点はありますか？」


このような質問をすることで、うまくいくようになったと言います。

この話を聞いて、思い出したことがあります。

研修を企画してくれる会社の担当者に、「菊原さんの会社の今後のビジョンをお聞かせください」と言われたことがありました。

私は頭の中が真っ白になり、何を答えていいのかわからなくなりました。

何も答えないのもおかしいので、「さまざまな分野の営業の手助けをしたい」といったような、まったく面白くないことを言うはめに……。

ビジョン、夢、将来的な目標というのは、聞かれてもすぐには答えられないのです。

もし「研修していて不満に思っていることは何でしょうか?」と聞かれれば、「ベテラン営業の聞く態度が悪くて雰囲気が悪くなることですね」と答えたでしょう。

まずはお客様に**「どんな不満、不快、不足があるのか?」**をじっくりと聞いてみてください。

これができれば外枠が埋められて、お客様の要望がハッキリしてくるはずです。

POINT

まずはネガティブな要素から聞いてみる

19

“しっかり話を聞いています”という印象を与える

○ 心が動くフレーズ

いままでお聞きしたことを確認させてください

× ありがちなフレーズ

そうですか。では次の質問に進みます

営業パーソンからいろいろと質問され、悩みや要望を伝えたとします。その際、「へぇ、そうですか」と返事をされたらどうでしょう？　それ以上、話したいとは思わないはずです。営業パーソンは、お客様に対して「しっかり聞いている」ということを態度で示す必要があるのです。

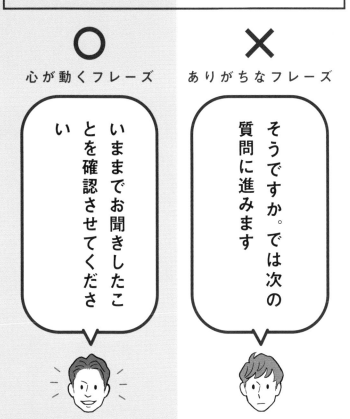

失業中の元営業パーソンの方に個人コンサルティングをしていたときのことです。
彼は法人営業をしていたのですが、取引先や上司との関係に苦しみ、退職。
営業自体は嫌いではないため、次は個人向けの営業職を考えているとのこと。
ただ、いまは失業手当が出ているので、しばらくは営業の本を読み込んだり、セミナーに出たりしたいと言います。
私は、この営業パーソンに対して、次のようにアドバイスしました。

私　「営業の勉強やセミナーに参加するのもいいですが、まずは友人や家族の話をよく聞いて、その話をまとめるトレーニングをしてみてください」

男性「話を聞いてまとめるトレーニングですか？」

私　「ええ、話をある程度聞いて〝いままで聞いたことをまとめると、〇〇ということだよね〟と要約するのです」

男性「それは面白そうですね」

私　「そのほうが何倍も営業力が身につきますよ」

男性「それなら明日からできます。ありがとうございました！」

それから半年後、彼から「外壁塗装の会社に就職して、順調に契約がとれています」という報告をいただきました。

あのときのトレーニングの効果が出たというのです。

話をまとめるといっても、やり方は非常に簡単です。

まずはお客様に、いくつか質問して、内容をメモしておきます。

あとは「いままでお聞きしたことを確認させてください」と言って読み上げるだけです。

話をよく聞いてくれる営業パーソンに対して、お客様はもっと話をしてくれるようになることでしょう。

POINT

しっかり話を聞いているかどうかは態度で示す

20
お客様からの反論を上手にかわす

○ 心が動くフレーズ

なるほど、よく研究されていますね

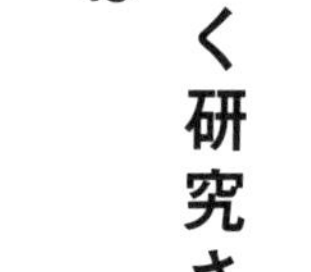

× ありがちなフレーズ

それは違いますよ

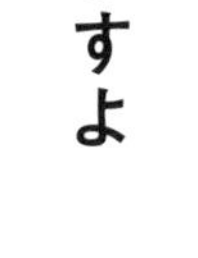

お客様とやりとりをしている際、思わぬ反論を受けることがあります。その内容が間違っていれば、反射的に「それは違いますよ」と言いたくなります。しかし、どんなに間違っていたとしても、一度は認めることが大切です。お客様が話しきってから、ゆっくり誤解を解いていけばいいのです。

家を建てる一部のお客様に〝**セミプロ**〟と呼ばれる人たちがいます。
たとえば、〝設計事務所で事務の仕事したことがある〟といった経歴のお客様です。
完全なプロではありませんが、まったくの素人でもありません。
独自に理解した理屈で反論してきます。
こういったお客様とのやりとりは、非常に疲れます。
そんなセミプロのお客様との話です。

お客様「鉄骨は錆《さ》びるからダメね」
私「それは違います。当社は電着塗装をしていますから、問題ありません」
お客様「でも、傷ついたら錆びるでしょ」
私「イヤイヤ、むき出しの状態ではないですし、厚みもありますから」
お客様「溶接部分は塗装のノリが悪いから弱くなるわよね」
私「それもデータで実証ずみで……（心の声：だから錆びないって言っているだろう！）」

何を言っても納得しません。

他のことに関しても、反論すればするほど「これはこうです！」と頑なに否定してきます。

私は、こういったタイプのお客様に「この勘違いを理論で納得させてやる」と知識で対抗していました。

しかし、頑張れば頑張るほど、泥沼にハマるだけ。

疲れ果てた私は、抵抗するのをやめました。

思わず反論したくなることを言われても、**「なるほど、よく研究されていますね」**と返すようにしたのです。

このときは、「どうせ言っても話を聞かないし」といった、あきらめの境地でした。

ところが、それからしばらくして、そのお客様が、「基本的に菊原さんのところで話を進めようと思います」と言ってきました。

このときの正直な気持ちは、「契約になるのはありがたいけど、今後の打ち合わせが面倒くさそうだな」というものでした。

しかし、意外にもその後は、別人のように素直になったのです。

私がこの件から学んだのは、このタイプのお客様は、反論されるとムキになりますが、**知識を認められると満足する**ということです。

つまり、対抗する必要などないということですね。

また、このタイプのお客様は、わざわざ難しい質問をしてきたりもします。

そのときも、まずは**「よく勉強されていますね」**と言ってあげましょう。

その後、キチンと調べ、データで正解を示してあげればいいのですから。

中途半端に詳しいお客様は、自分なりの意見を言いたがるものです。

そうしたお客様には、専門知識で対抗したりするのではなく、まずは認めてあげることから始めましょう。

POINT

お客様の意見は、どんなものでも一度は受け入れてみる

21

購買へのモチベーションを刺激する

○

心が動くフレーズ

仮に購入するとしたら、お子さんはどう思いますか？

×

ありがちなフレーズ

いま購入すると、こんな特典があります

購買理由はいろいろあります。「自分が欲しいから買う」というお客様もいれば、「家族に喜んでもらいたいから買う」というお客様もいます。自分より他人のためのほうが欲求の強いこともよくあります。トップ営業は、ここをうまく刺激して購買のモチベーションを上げているのです。

お客様への質問の目的は、〝要望をしっかり聞いて、よりよい提案書をつくる〟ことにあります。

となると、あなたのヒアリングリストに書かれているのは、おそらく次のようなものでしょう。

●概算の予算はいくらか？
●購入時期はいつごろか？
●デザインの要望は？
●購入したら、どんな使い方をするのか？
●いま使っているものについては、どう思っているのか？
●そもそもなぜ購入を考えているのか？

もちろん、こういった項目は必要なものです。

しかし、私としては、さらにそのヒアリングリストに〝モチベーションパーソンの質問〟を追記することをおススメします。

このモチベーションパーソンとは、〝お客様のモチベーションに影響を与える存在〟のことを言います。

●配偶者
●子ども
●親兄弟
●同僚、後輩、上司
●同級生
●何かの仲間

などなど、その人によって異なるでしょうが、要はそれが誰なのかを特定し、うまく購買へのモチベーションを上げていくのです。

30代のお客様と商談をしていたときのことです。

話をしていて、「お子さんのために家を建てたいのだろうな」ということがわかりました。

お子さんの話題が明らかに多いからです。

そこで私はころ合いを見て、**「仮に新しい家を建てるとしたら、お子さんはどう思いますか？」**と質問しました。

するとお客様は、「自分の部屋ができるのだから、大喜びすると思うよ」と笑顔で話してくれました。

面白いもので、お客様は自らこういった発言をすることで、購買へのモチベーションが上がっていきます。

このときは、スムーズに契約まで進めることができました。

では、モチベーションパーソンがハッキリしないときは、どうすればいいのでしょう？

その場合は、**「もし、これを購入した場合、誰に自慢したいですか？」**と探りを入れてみましょう。

この質問に対して、お客様が「そりゃ、会社の同期ですよ」と答えたら、同期の人がモチベーションパーソンになります。

それがわかれば、次は簡単。

「仮にこの商品を購入したら、同期の方はどう感じると思いますか？」と質問してみるのです。

すると、「きっと〝先を越された〟と悔しがるでしょうね」などと答えたりします。

こういった一言を言わせることで、お客様の気持ちを盛り上げていくわけですね。

実際のところ、トップ営業は、まずは〝お客様のモチベーションパーソンは誰なのか？〟を明確にしています。

そして、さりげなくお客様の気持ちを刺激し、購入の意欲を上げているのです。

POINT

モチベーションパーソンを明確にするのが契約への近道

第4章

どうすれば「商談」をうまく進められるか、いつも悩んでいます

――さまざまな切り口から、期待度を高める

22

優柔不断なお客様に効果的な二者択一法

〇 心が動くフレーズ

〇〇と△△でしたら、どちらがいいですか？

✕ ありがちなフレーズ

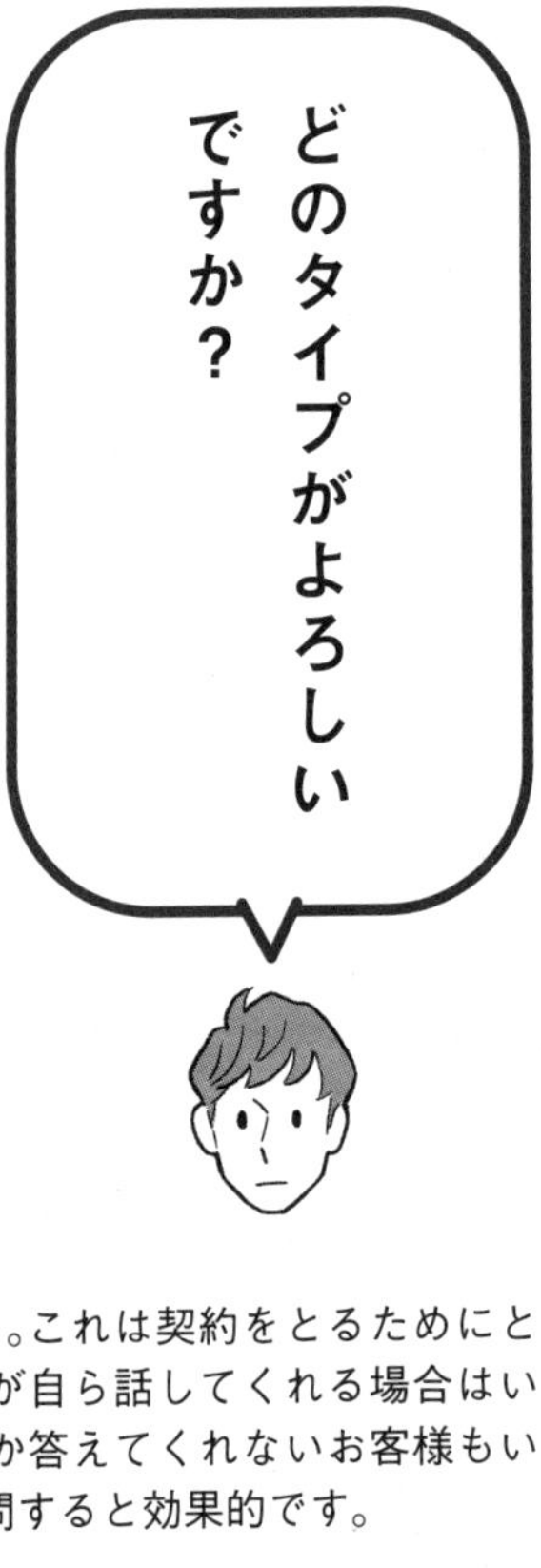
どのタイプがよろしいですか？

お客様の要望をしっかり聞き取る。これは契約をとるためにとても重要なステップです。お客様が自ら話してくれる場合はいいのですが、質問をしてもなかなか答えてくれないお客様もいます。そんなときは二者択一で質問すると効果的です。

営業パーソンの中には、**「優柔不断なお客様は苦手」**と感じている人もいることでしょう。どうでもいいことはよくしゃべるのに、いざ決断するとなると、「うーん、なんとも言えないですね」と決められない……。

これでは、たとえ商談時間は長くても、まったく先に進みません。

私自身、おしゃべりなお客様は嫌いではありませんが、優柔不断でなかなか決めてくれないお客様は苦手としていたものです。

成績のいい先輩の話です。

その先輩は、お客様に対して**〝常に二択で選ばせる〟**というやり方をしていました。

たとえば、提案書であれば必ず2パターンつくります。

その理由を聞いたとき、**「ほとんどのお客様は優柔不断なんだよ。2つ用意して選んでもらわないと、話が先に進まないんだ」**と言っていました。

たしかに優柔不断なお客様に対して漠然と話を進めても、時間の大幅なロスになるだけですから、二者択一で答えてもらうことは、じつに効率的です。

でも、この二者択一を実践するにあたっては、さらに有効な方法があります。

それは、2つのうち1つは〝**捨てプラン**〟を用意したうえで、**「この2つでしたら、どちらがいいですか?」**と二者択一にして選んでもらう方法です。

明らかに1つはダメプランなので、「こちらがいいですね」と答えてくれます。

これだけでも〝**自分で選んだ**〟という意識が働くため、話がずいぶん進みやすくなります。

ちなみにトップ営業は、たとえば色を選んでもらう際にも、100種類の中から「どれがよろしいでしょうか?」とはしません。

そうではなくて、2つ選んで、**「AとBでしたら、どちらが好みでしょうか?」**と聞きます。

これを繰り返していくことで、早めに話を進めることを可能にしているのです。

ぜひ、参考にしてください。

POINT

トップ営業はお客様を迷わせることは決してしない

23

面倒くさがり屋のお客様を動かす

○ 心が動くフレーズ

手続きは簡単ですし、よろしければ私がやりますから

× ありがちなフレーズ

こんな購入特典がありますよ

お客様を契約に向かわせるためのさまざまな購入特典。これがきっかけとなり、決断に向かうお客様もいます。しかし、口には出さないものの、「手続きが面倒くさいから」と言って行動しないお客様が多いのも事実です。そんなお客様に対して行動を促す一言をかけてあげてください。

お客様の購入を促進させるためのさまざまな特典。

たしかに魅力的な特典は、お客様を動かすきっかけになります。

しかし、「いまご購入していただければ、こんな特典がありますよ」と伝えただけではお客様は動きません。

なぜなら、提供する側は「こんな簡単な手続きなんだから、問題ないだろう」と思っていたとしても、お客様は「特典がつくのはいいけど、手続きが面倒くさそう」と躊躇してしまうからです。

では、どうすればいいのでしょう?

ズバリ、ちょっとした一言を加える——。

これがお客様を動かす原動力になります。

私がスポーツ店に買い物に行ったときのことです。

いいゴルフウエアがあったので見ていると、店員さんが「今日、2点以上お買い上げになると10%引きになります」と声をかけてきます。

ただし、それにはLINE登録が必要とのことです。

値引きは魅力ですが「登録が面倒だし、後でいろいろな通知が来るのも嫌だな」と思っていました。

それを察したのか、店員さんは**「手続きは簡単ですし、よろしければ私がやりますから」**と言ってくれました。

通知も来ないように設定できると言います。

私は思わずスマホを渡して登録してもらい、2着を購入することになったのです。

「LINE登録は面倒だ」という私の心理を先回りして、「私がやりますから」と気遣ってくれる——。

10％の値引きより、こちらのほうが購入への後押しになりました。

お客様が抱いている購入への障害を上手に取り除く一言を言うことで、チャンスは大きく広がるのです。

POINT

お客様は些細なことで購入を躊躇している

24
「いい商談だった」と思ってもらえる一言

〇 心が動くフレーズ

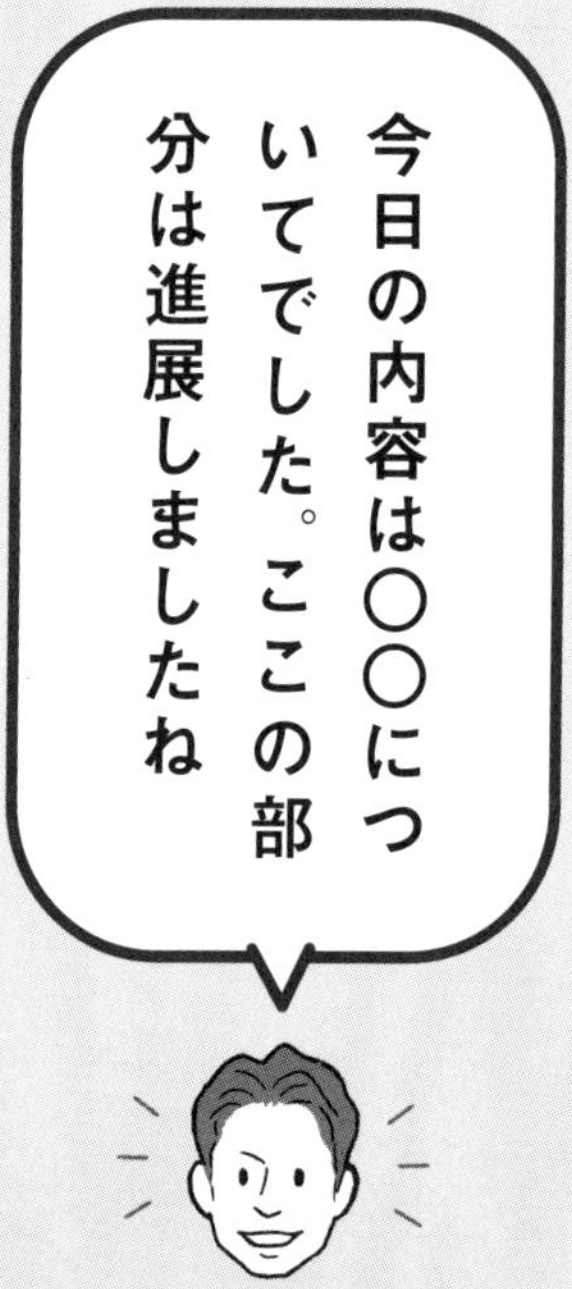
今日の内容は〇〇についてでした。ここの部分は進展しましたね

× ありがちなフレーズ

本日はありがとうございました

“終わりよければすべてよし”という言葉があります。これは商談でも言えます。うまく進んでいても、最後が締まらないとイマイチだった印象になってしまうのです。その逆に、商談の最後をしっかり締めておけば、多少紆余曲折があったとしても、「いい商談だった」という印象を与えられます。

出版に関するセミナーに参加したときのことです。

最新の業界ネタの話が多く、内容は充実していました。

また、話も面白いので、あっという間に終わった印象です。

ただ、セミナーの最後は「これでセミナーを終了いたします。ありがとうございました」とサラッと締めくくられました。

あまりにもあっさりしていたので、拍手も小さめです。

内容はよかったものの、なんとなくイマイチな感じがしました。


付き合いで金融系セミナーに参加したときのことです。

私は投資系の話にはあまり興味をもっていません。

先ほどの出版セミナーとは真逆で、非常に時間が長く感じられました。

ところが、最後に講師の人が**「今日の内容は〇〇についてでした。この部分をぜひ実行してみてください」**と締めくくると、参加者から大きな拍手が起こったのです。

〝まとめの一言〟があるだけで、「今日はいい話を聞いたな」という感じになり、私は満足しながら会場を後にしました。

これは、お客様との商談でも言えることです。

最後に今日の総括をする一言を伝え、「今日はこの部分が進展しました」と言ってあげると、お客様は安心します。

営業パーソンは全体像が見えていても、お客様は理解していないことが多いからです。

それに気がついた私は、商談がスタートしたお客様に対して **〝今日のまとめ〟** と **〝進行状況〟** を伝えるようにしました。

まずは商談を始める前に「今日は第1回の間取りの提案をさせていただきます」と伝えます。

続いて提案書を見ていただき、修正点をヒアリング。

そして最後に、**「今日は第1回の間取り打ち合わせをさせていただきました。1階部分についてはまとまりましたね」** と締めくくるようにしたのです。

今日、行った内容をまとめることで、お客様は「今日の商談で、この部分が進んだんだな」と実感できます。

終わりがいいので、「いい商談だったな」という印象が残るのです。

多くの営業パーソンは、「今日の打ち合わせはこれで終わりです。本日はありがとうございました」とあっさりと終わりにしてしまいます。

しかし、ほとんどのお客様は商談に慣れていないため、「今日の商談って、いったい何をしたのか」という具合に、商談の内容をよく理解できていません。

商談の終わりは、必ずその日の内容を簡単にまとめて伝えましょう。

そうすることでお客様の満足度が上がりますし、安心して話を進めてくれるようになります。

商談が100%思いどおりに進むことはありません。

しかし、たとえいろいろな経緯があったとしても、最終的にうまく締まれば、大きな問題にはならないのです。

POINT

最後が締まらないと、その日の商談の価値は激減する

25
お客様ファーストで信頼度を飛躍的に上げる

○ 心が動くフレーズ

これはコスパがよくないので、やめましょう

× ありがちなフレーズ

せっかくなので、これも付けましょう

営業の世界には「お客様の財布のヒモが緩んだら、とれるだけとる」という考え方があります。利益を上げるために必要なことではありますが、必要のないものまで売りつけるのは好ましくありません。ときには、こちらから「これはやめましょう」とアドバイスするのも営業パーソンの大切な役目です。

営業パーソンとして契約をとったり、追加契約で利益を上げたりするのは、ごく当たり前のことです。会社からも、そう指導されていると思います。

しかし、利益を上げるために必要のないものまで売ってはなりません。

たとえお客様が欲しいと言ったとしてもです。

あなたは、お客様の状況を客観的に判断して、**「これはコスパがよくないので、やめましょう」**と言えるでしょうか？

「せっかくなので、これも付けましょう」と追加のオプションをおススメすることはできても、なかなかやめさせることはできないものです。

ただ、これができるようになると、営業パーソンとして一段上のステップに行けるのも事実なのです。

あるお客様と商談をしていたときのことです。

このお客様は、予算には余裕がある人でした。

お客様はカタログを見て、「お風呂と洗面台を高級グレードに変更したい」と言い出します。

いい商品ではありましたが、冷静に考えて標準タイプの倍の金額は高すぎます。どう考えてもコスパが悪いのです。

そこで私は、**「これはコスパがよくありません。一度実物を見てから決めませんか?」**と提案しました。

その後、お客様をショールームにご案内し、見比べていただきました。

お客様が「これなら標準タイプで問題ないようだな」と言ったので、私は迷わず「コスパがよくないので、やめましょう」とアドバイスしました。

もし、そのまま進めていたら、かなりの金額をムダにしていたところです。

その後、このお客様とは無事、契約になりました。

契約していただいた理由を聞くと、**「菊原さんだけがムダなオプションに対して〝やめましょう〟と言ってくれたから」**とのことでした。

実際のところ、こういった一言が信頼を深めるのです。

この話をすると、多くの営業パーソンは「それはなかなかできませんね」と言います。

そんなとき、私は**〝友だちや親兄弟〟**を担当したケースを想像してもらいます。

友だちや親兄弟であれば、自然に「こんなの高いだけだから、やめておいたほうがいいよ」と言えますよね。

それと同じように、お客様にもアドバイスしてほしいのです。

これは私の体験からも確信していることですが、本気でお客様のことを考え、「これはやめておいたほうがいいです」と言えるようになったとき、あなたは一流の営業パーソンの仲間入りをすることになります。

一段階も二段階もレベルアップしたあなたは、お客様からいままで以上に信頼されるようになるのです。

こうなれば契約率が上がるのはもちろんのこと、紹介も自然にもらえるようになるのは確実。

長い目で見れば、このほうが利益も上がることになるのです。

POINT

お客様を〝友だちや親兄弟〟と思って対応すれば、必ず成果に結びつく

26

お客様の期待度をグンと高める報告

○ 心が動くフレーズ

スタッフと熱く意見をぶつけ合いながら考えています

× ありがちなフレーズ

あと3日お待ちください

営業パーソンの多くは、商談中だけ気を使います。しかし、じつは次の商談までにもやるべきことがあります。トップ営業は、ここで手を抜きません。しっかりと「いま、こんな気持ちで取り組んでいます」ということを伝えています。こうして次に会うまでの間にお客様の期待度を上げているのです。

中長期のお客様に対して根気よくアプローチし続け、その結果、「では、具体的な話をしましょう」と商談へと進展。

これは、1つの結果が出た瞬間で嬉しいものです。

ただし、いまは多方面（競合他社、リモート、ネット）で検討するお客様が増えたため、その場で決まるというケースは少なく、〝2～5回〟の商談を重ねて契約になることが多くなっています。

たしかに商談まで進めたことはいいのですが、ここで気を抜いてはなりません。

商談がスタートすると、ほとんどの営業パーソンは「次のアポもとれているし、とくにリマインド（商談の次の日程や内容の確認、途中経過の報告などのこと）をする必要はない」と思ってしまいがちです。

しかし、具体的に商談が始まったということは、お客様があなたとあなたの会社に興味をもち始めている証拠です。

つまり、このときがお客様との距離を縮める一番のチャンスなのです。

したがって、次の商談の前にキッチリとフォローする必要があります。

たとえば、お客様と商談をして、とくに提出期限を決めずに「この部分についての見積もりが出ましたら連絡します」となったとします。

この状態で1週間、放置したらどうなるでしょうか？

お客様から「ダメだな、この会社は。全然やる気がない」と判断され、選択肢から真っ先に消されることになります。

「1週間も放っておく営業パーソンなんているの？」と思うかもしれませんが、私はこういった営業パーソンと何人も会ってきました。

たとえば、電気温水器が壊れた際、見積もりをお願いして1週間、何も連絡がなかったことがあります。

こちらから催促して、やっとメールが届くといった感じです。

当たり前に思えることをやっていない営業パーソンも少なくないのです。

それに対して、少しできる営業パーソンは2、3日経過したところで「いま業者にお願いしていまして、あと3日お待ちください」といった途中経過を送ってくれます。

こういったメール1本を送れるかどうかで結果に差が出てきます。

では、トップ営業はどうしているのでしょうか？

ズバリ、トップ営業は途中経過にプラスして、「スタッフと熱く意見をぶつけ合いながら考えています」といったことを伝えます。

この1文を見たお客様は、「営業の方やスタッフが頑張ってつくってくれているんだな。でき上がりが楽しみだ」と期待度が上がります。

そうなれば、この間に他社に決めてしまったり、検討をやめてしまうケースが激減することは言うまでもありません。

お客様との商談時において重要なことは**〝会わない期間、営業パーソンが何をしているのか？〟**を伝えることです。

途中経過とともにお客様の期待を膨らませる報告をしましょう。

POINT

お客様は次の商談までの営業パーソンの対応をしっかり見ている

27

消滅しそうな商談を復活させる

○ 心が動くフレーズ

○○以外は問題ありませんか？

× ありがちなフレーズ

そんなことを言わずに、もう少しご検討ください

お客様と商談をしていて、「希望と違うようなので、お断りします」と言われたとします。こんなときは、思わず「そんなことを言わずに、もう少しご検討ください」と粘りたくなります。しかし、しつこく粘っても逆効果になるだけ。うまく理由を聞き出し、そのうえで商談を復活させましょう。

あるお客様と商談をしていたときのことです。

話は順調に進んでおり、「これは契約になる」という手ごたえを感じていました。

しかし、話が進むと、お客様の中に**「本当にこの会社で話を進めていいのか？」**という迷いが出てくることもよくあります。このお客様もそうでした。

突然、「家づくりを延期しようと思っているのですが」と言い出したのです。

私としては、そう簡単にあきらめるわけにはいきません。

必死に「そんなことを言わずに、もう少しご検討ください」と粘ります。

しかし、粘れば粘るほどお客様の〝延期したい〟という意思は強くなり、最後は「申し訳ありませんが」と完全に断られてしまうことになりました。

その後も、私は商談が消えるシーンに何度も出くわします。

そのたびに粘ってみたものの、一度も話が復活したことはありませんでした。

その後、いろいろ考えて言い方を変えてみました。

そして、あるときから、冷静に**「検討をやめるとのことですが、どういった理由でしょうか？」**と質問するようにしたのです。

そうすると、お客様は、いろいろと理由を話してくれます。

●転勤があるかもしれない
●リストラの危険性がある
●単純に不景気で不安

その理由をしっかり聞いたうえで、たとえば**「〝転勤〟以外は問題ありませんか?」**と聞いてみます。

このように質問して、「そうですね。転勤以外は、とくに問題ありませんね」という答えが返ってきたとしましょう。

そうしたら、今度はその解決策を提案します。

●転勤があるかもしれない↓転勤は定年まで可能性がある。いまでも未来でも同じ
●リストラの危険性がある↓これもいつでもある。家を建てたほうがやる気が出る
●単純に不景気で不安↓不景気のほうが金利は安い

多少こじつけ感があったとしても問題ありません。

実際、私の場合は多くのお客様が商談をやめずに再度検討してくれました。

お客様は本気で断っているのではなく、ほんの少し不安になっているだけという場合もよくあります。

その気持ちをよく理解して、ほんの少し背中を押してあげればいいのです。

話が消えそうになったときや雲行きが怪しくなったときこそ、あわてず冷静に「**○○以外は問題ありませんか?**」、もしくは「**仮にその問題がないとしたら、どうでしょうか?**」という方向に話をもっていくようにしましょう。

お客様を勇気づけてあげるのも、営業パーソンの大切な仕事の1つです。

POINT

粘るより理由を聞いたほうが結果につながる

28

お客様に心の準備をしてもらう

○ 心が動くフレーズ

次の打ち合わせでは重要な話をさせていただきます

× ありがちなフレーズ

次はこのテーマで打ち合わせをします

仕事は“段取り８割”と言われています。とくに現場での仕事は、それまでの段取りでうまくいくか失敗するかが決まります。これは商談でも同じです。事前にお客様に準備をしてもらいさえすれば、商談は成功したのも同然です。

お付き合いしている人にプロポーズをしようと考えたとします。

その際、「ここは一発勝負だ。思いきってサプライズでやってみよう」とはなかなか考えないでしょう。

確実に成功させたいのなら、相手に**「大事な話があるので」**と前振りをし、慎重に進めるはずです。

以前に**〝フラッシュモブ・プロポーズ〟**というものが流行りました。

これは、事前に打ち合わせをした人たちが、レストランなどで突然、踊ったり、歌を歌ったりして注目を集めたところでプロポーズするというものです。

海外では成功例があるかもしれませんが、日本で「オレはフラッシュモブでプロポーズしたよ」という話は、まず聞きません。

やはりしっかり前振りをして相手に心の準備してもらったほうが圧倒的に成功率は高くなります。


これは商談でも言えます。

若い夫婦と商談をしていたときのことです。

話も順調に進み、「そろそろテストクロージングしようかな」と考えていました。

お客様に対して、「次は総額について打ち合わせをしますから」と伝えておきます。

そして商談の日、ご家族で来店しました。

私は提案書の説明をしながら、「こちらで問題なければ話を進めたいのですが」と一気に畳みかけようとします。

すると、運悪く小さいお子さんがぐずり出したのです。

奥さんが抱っこしながら必死にあやしましたが、まったく泣きやみません。

それどころか、どんどんヒドイ状態に。

休み休み説明しましたが、私自身、何をどう伝えたか、よくわからないまま商談は終了します。

もちろん、お客様にはまったく伝わりませんでした。

商談後、「大事なところで子どもが泣き出すんだから。ツイてないよ」と頭にきましたが、そもそも小さい子どもが、長時間じっとしているわけがありません。

結局、商談の大切なポイントを外した私は、このお客様との契約を逃してしまうことになりました。

これに懲りた私は、大切な商談の前には**「次の打ち合わせでは重要な話をさせていただきます」**と伝えるようにしました。

そして、小さいお子さんがいるお客様には、**「できればでけっこうですが、お子さんをご両親にあずけていただけますか？」**とお願いするようにしたのです。

ごくまれに「親が忙しくてあずけられない」というお客様もいましたが、ほとんどのお客様はご両親にあずけてくれました。

こうして完全に集中できるようにしたうえで重要な話をするようになってからは、それまでの何倍もうまく話が進むようになりました。

商談にはここ一番、というときがあります。

最終プレゼンのときかもしれませんし、総額の見積書を出すときかもしれません。

いずれにしてもお客様が集中できる環境にして臨みましょう。

POINT

大切な商談の前には必ずやっておくべきことがある

29

商談の進行を妨げる存在を味方にする

○ 心が動くフレーズ

この件について、ご意見をお聞かせください

× ありがちなフレーズ

大切な話なので、よく聞いてください

商談をしていて一番困るのは“商談の進行を妨げる存在”です。1人でもいると、非常にやりにくくなります。営業パーソンとしては、そういった人にうまく対応し、できれば味方にしたいものです。ここでは、そのためのテクニックを紹介します。

私が営業コンサルタントになってよかったことの1つに〝講演をした際に多くの人から感謝される〟というものがあります。

話し終わったときに割れんばかりの拍手をいただく――。

これ以上の幸せはありません。

しかし、そうではないときもあります。

参加者に私の意図がうまく伝わらず、嫌々聞いているというケースもあるのです。

参加者の中には、あからさまに**「こっちはお客様のフォローで忙しいんだ。お前の話など聞いている暇はない」**という態度をとる人もいます。

数年前、生命保険の会社で営業セミナーをしたときのことです。

完全アウェーの状況で、真剣に聞いている人はほとんどいません。

机の下でスマホを操作している人もいれば、寝ている人もいました。

ただ、私としては、この状況には慣れています。

こんなときのために、私はセミナーでは話を聞くだけでなく、参加者に1つのテーマで考えたり、2人組になって考えたりするといったワークを行ってもらうようにしていました。

ワークで考えた内容は文字として残りますし、話し合ったことは記憶にも残るものです。ワークを始めたことで、会場の空気が温まり始めました。

しかし、それでも窓際に座った数名の営業パーソンたちはそれを無視し、つまらなさそうに肩肘をついていました。

さすがに、ここまで無視をしてくる人たちは初めてです。

こうなると、悪い空気が蔓延します。


そこで、私は1つの勝負に出ることにしました。

抵抗勢力のボスのような男性に対して、**「このテーマですが、ご意見を聞いてもいいですか?」**と名指しで質問したのです。

話しかけたときは、迷惑そうな顔をしました。

しかし、少し考えてから、その男性は「メールで仲よくなったという経験もありますよ」と発言。

それをきっかけに、彼らは積極的に話を聞いてくれるようになり、会場の雰囲気が一気によくなりました。

もし、私が「大切な話なので、よく聞いてください」などと注意したら、ますます悪い空気になったでしょう。

いずれにしても、このときは敵対勢力にうまく対応したことで、セミナーも上首尾に終わったのです。

私が住宅営業時代、あるお客様と商談をしていたときのことです。

二世帯住宅を考えていたのですが、施主のお父さんだけは乗り気ではありません。

私の話に対して、明らかに嫌な顔をしていました。

「大切な話なので」と伝えても、無視するか軽くうなずく程度です。

家づくりにおいて1人でもこういった人がいると、スムーズに話が運ばなくなります。

そこで私は、**「和室のつくりについて、お父さまのご意見をお聞かせいただけますでしょうか？」**と質問しました。

最初こそ「俺が金を出すんじゃないんだから」とごねていたものの、徐々に自分の考えを話し出します。

さらには、このことをきっかけに家づくりの話に参加してくれるようになりました。

そして、最終的には味方になってくれたのです。

気難しい顔をして話に参加しない人に対しては、ぜひ**「〇〇さんのご意見をお聞かせください」**と意見を聞いてみてください。

そして、その意見をよく聞いて共感するのです。

このやりとりで、一気に味方になってくれることも多々あります。

抵抗している人にいいタイミングで質問し、商談をうまく進めましょう。

POINT

乗り気でない人を味方にすれば一気に話は進む

第 5 章

「クロージング」になると、いつも緊張して失敗してしまいます

――お客様を安心させて、契約率を上げる

30

不測の事態で契約が延期になったときの対処法

○ 心が動くフレーズ

結果的によかったと思います

× ありがちなフレーズ

そこをなんとか考え直してください

「これは契約になるぞ」と期待していたお客様に断られる。これはダメージが大きいものです。時間と労力をかけたお客様になればなるほど粘りたくなります。しかし、ある程度粘ってダメなら、あとにつながる関係をつくるようにしてください。そう遠くないうちに話が復活することもよくあります。

商談をしていて、「この流れならば十中八九は契約になるぞ」と感じることがあります。

お客様の要望は満たしているし、金額も予算内に収まっている。

あとはハンコを押してもらうだけ、という矢先に**「一度話を白紙に戻してほしいのですが」**などと言われます。

これほどショックなことはありません。

もちろん、理由をよく聞いて、可能なかぎり契約できるように粘ることでしょう。

営業パーソンとしては、「なんとかしたい」と思って当然です。

しかし、しつこくなりすぎれば嫌われてしまうのがオチ。

そのまま二度と声がかからなくなることでしょう。

過去に、それで失敗したことがあります。

時期を急いでいるお客様と商談をしていたときのことです。

お子さんの転校などの事情があり、「今月中には結論を出します」とのこと。

工期の関係もあり、他社は話から次々に降りていきます。

私は、ほぼ単独指名の状態で話を進めていました。

契約も秒読み段階——。

そんなある日のことです。

お客様は本当に申し訳なさそうに、**「じつは会社の関係で、家の計画は延期することになりました」**と言ってきたのです。

言われた瞬間、目の前が真っ暗になりました。

というのも、私は直近の営業会議で「このお客様は絶対に契約になります」と高らかに宣言していたからです。

私としては、簡単にあきらめるわけにはいきません。

「とりあえず契約だけ交わし、時期は後で決めればいいですから」などと提案し、あらゆる方法で説得にかかりました。

しかし、お客様は完全に延期を決めており、どんなに説得してもムダでした。

一連のやりとりで私に嫌気がさしたのでしょう。

お客様は「計画が進められるようになったら、菊原さんに声をかけますから」と言ってくれましたが、気づいたときには別の会社で家を建てていました。

これは、私にとって非常につらい経験となりました。

それからしばらくしてのことです。

別のお客様との商談で、同じような状況になったことがありました。

契約直前になって、「最低でも1年は先延ばしにする」と言ってきたのです。

詳しく話を聞いたところ、「これは粘ってもムリだな」と判断しました。

このとき、私は先ほど紹介したお客様のことを思い出し、**「それは逆にツイていますね。だって、これから1年間、家づくりを楽しめるのですから」**と言いました。

すると、お客様はニコッと微笑み、こう言ってくれました。

「それもそうですね。一生に一度のことですから、焦らず楽しみたいと思います」

この一言でお客様は元気になり、私もまた気分がラクになりました。

そのおかげで、このお客様とはその後もいい関係が続き、1年後に無事に契約になったのです。

もし、「とりあえず申込金だけでも収めてください」などと強引に話を進めようとしたら、どうだったでしょうか？

おそらく他社が入り込み、契約を失っていたでしょう。

どんなに順調に進んでいるように思える商談も、いつどうなるかはわかりません。

不測の事態で契約が延期になることもあります。

そんなときは、まずお客様の話をよく聞いてください。

そのうえでムリだと判断したら、**「それはツイていますね」**と言ってみましょう。

そう言われたお客様は、本当にいいことが起こったかのように思えてくるものです。

どんな状況でも、プラスの要素は必ず見つけられます。

ムダに粘るのではなく、お客様を元気づけてください。

計画が再度進んだとき、必ず声をかけてもらえます。

POINT

契約が延期になっても、まずはいい関係を保つことに心を砕く

31

サラッと契約の約束をとりつける

〇 心が動くフレーズ

○○の許可が下りましたら、契約できますね

✕ ありがちなフレーズ

これは当社で手続きします

お客様のためにいろいろ手続きをした挙句、「よくしてもらったのに、ごめんなさいね」と断られる。これほど悔しいことはありません。そうならないように、こちらが行動したら確実に契約してもらえるように確約をとっておきましょう。

20代後半の若いお客様と商談をしていたときのことです。

家を建てる気は満々ですが、ローンの審査が通るかどうかが心配でした。

そこで私は、具体的な検討に入る前に何軒も銀行に行って、資金調達のお手伝いを精いっぱいさせていただきました。

紆余曲折ありましたが、なんとか審査を通過します。

「さて契約だな」と思った瞬間、お客様から**「借り入れの心配がなくなったので、これからはいろいろな会社と検討できます」**という一言。

その瞬間、「しまった……」と思いました。

結局、このお客様とは契約できず、ただのくたびれもうけに終わったのです。


それからしばらくしてのことです。

また同じようなお客様と出会います。

今度は融資の審査のお手伝いをする前に**「ローンの決済が下りましたら、当社と契約できますね」**と念を押しておきます。

お客様が承諾してくれたので、審査の書類を集めて銀行に提出します。

銀行の評価もよく、無事にローンの審査を通過しました。

その後、スムーズに話が進み、土地と建物の同時契約をさせていただきました。

話がうまくまとまったのは、「ローンの決済が下りましたら、契約できますね」とお客様と契約の約束をしていたからです。

もし、その約束をせずにローンの審査に進んでいたら、どうだったでしょう？

前回のお客様と同じように「ローンの心配もなくなったし、これでゆっくり他社とも比較できるぞ」となったかもしれません。


ただ単に「当社で手続きしますね」と言うのではなく、「問題が解決したら、契約できますね」と言って約束しておくことがポイントです。

その一言で、他社も入らずスムーズに契約に進めることができるのです。

POINT

押さえるべきところは遠慮をせずに しっかり押さえておく

32

リモートの商談で沈黙を武器にする方法

○ 心が動くフレーズ

× ありがちなフレーズ

一度、画像と音声をオフにさせていただきます
こちらをご覧ください

クロージングの手法で“見積書を出したらお客様が話し出すまで黙る”というものがあります。お客様が考えているときには話しかけないほうがうまくいくからです。ただ、リモートでのクロージングでは、それがやりにくくなります。一度画像と音声をオフにする、というようにやり方を工夫する必要があります。

対面の商談でのクロージングでは、〝沈黙〟が武器になります。

トップ営業は最終見積書を出した際、自分から発言する、といったことはしません。

お客様が何か言ってくるまで、3分でも5分でも発言せずに、じっと我慢します。沈黙を破って、お客様のほうから「この部分はどうなっているのでしょうか?」と質問されてから話をするのです。


一方、ダメ営業はこの沈黙に耐えられません。

お客様がじっくり考えているところに、思わず「こちらの金額はですね……」などと、よけいなことを言ってしまいます。

せっかく決めようとしているところに口をはさむことで、商談を難しくしてしまい、自ら自分の首を絞めてしまうのです。

私も、これでずいぶん失敗しました。

そこで、ある時期からお客様が沈黙を破るまで我慢するようにしました。

するとどうでしょう。

考え込んだお客様が「これで決めます」と自ら言ってくるではありませんか。

何1つ説得せずに契約になるなんて、思ってもみないことでした。

私は、あらためて **〝沈黙クロージング〟** の威力を実感したのです。


このように対面のクロージングでは沈黙が武器になりますが、非対面、すなわちリモート営業では、この手法をそのまま使うことはできません。


ある営業パーソンと、リモートで商談をしていたときのことです。

打ち合わせをして見積書を出していただきました。

担当の営業パーソンは「こちらの金額でいかがでしょうか？」と言って黙ります。

その間、笑顔もなく無表情のままです。

画面越しでも、見られていると気になってしまい、非常に検討しにくいものです。

このときの私は、気まずさに耐えられなくなり、**「ちょっとこれで検討させていただきますね」**と言って商談を打ち切り、ルームから出てしまいました。

結局、この担当から商品は買いませんでした。

もちろん、考えている最中に画面の向こうから「この見積もりはですね」とよけいなことを言われるのも心地いいものではありません。

では、どうすればいいのでしょうか？

基本的には、何も話さなくても理解できるように資料をつくり込んでください。

そのうえで、資料や見積書を提出したら、**「いまから3分間じっくりとご覧ください。その間、私は一度失礼します」**と言って画像と音声をオフにするのです。

その間、お客様はじっくりと検討できます。

そして3分後に再入室して、**「いかがでしょうか？」**と聞きます。

納得してもらえれば、「これで問題ありませんので、話を進めてください」となりますし、何か質問があった場合は、それに答えればＯＫ。

対面とは少々違いますが、リモートでも〝沈黙クロージング〟は効果的です。

ここでお伝えした方法で、うまく契約をまとめてください。

POINT

対面と非対面で〝沈黙クロージング〟のやり方を使い分ける

33

カウントダウンでお客様の背中を押す

○ 心が動くフレーズ

5つほど枠がありましたが、残りあと２つとなっております

× ありがちなフレーズ

残りわずかです

いつでも手に入るものについては、お客様は安心してしまって、いま買おうとは思いません。しかし、「あと○個しかない」と言われたとたん、「いま買わないとなくなってしまう」という気持ちになるものです。この心理を利用して、うまくお客様の背中を押してあげましょう。

店員さんから、「お客さん、残りわずかです」と声をかけられたとします。

そんなとき、あなたはどう思いますか？

疑い深くない人でも、**「本当はたくさんあるんじゃないか？」**と思うものです。

では、「残りわずか」という曖昧な表現ではなく、**「残りあと2つですよ！」**と具体的な数字を言われたらどうでしょう？

そのとたん、**「あと2つか。いま買っておかないと後悔するかもしれない」**という気持ちになり、購入を決断することになりがちです。

これは、ネットショッピングでもよく使われる手法です。

アマゾンでは「在庫あと○個」と表示されていますし、他のサイトでも「100％のうち95％まで買われている」といった表記が使われています。

私自身、それを見て**「残り5％しかないから、いますぐ買わないと」**と思わずクリックしたこともあります（これで何度もムダなものを買ってしまいましたが）。

この心理は、リアル店舗でも同様です。

紳士服のお店に行ったときのことです。

「いまはストレッチする（伸縮性のある）パンツが流行っているみたいだな」と思いながら商品を見ていました。

いくつか手にとって見ていると、店員さんが近づいてきます。

この店員さんは、明るくさわやかで感じのいい人です。

即決しようかと思いましたが、想像以上に金額が高く、「もう少し他も検討しようかな」と考えていました。

話を聞いて帰ろうと思っていたところ、店員さんいわく「こちらのパンツはSNSで紹介されてから人気でして、ここに出ているぶんしかないんです」とのこと。

ここまでは、よくあるセールストークです。気にもとめませんでした。

しかし、ここで**「Mサイズはこの1着が最後ですね」**とダメ押しの一言。

私は、**〝これが最後〟**という言葉に後押しされ、すぐに試着室に向かいます。

そして、その場で購入を決めたのです。

クロージング時は、ただ単に「残りわずかです」と言うのではなく、**「今回のキャンペーンの特別枠ですが、5つほど枠がありましたが、残り2つとなっております」**

というように具体的な数字をあげた言い方をしてみてください。

決断を迷っているお客様には、意外なほど効果があります。

また、不動産などの1つしかないものの購入で迷っているお客様に対しては、**「他にも購入したいというお客様がいるのですが」**と他のお客様の存在をほのめかすことも効果的です。

自分が検討しているものが「誰かにとられてしまう」というのも購買のモチベーションになるからです。

優柔不断なお客様や結論を延ばしがちなお客様には、**具体的な数字を提示したうえで、「いま買わないと、もう手に入らない」というニュアンスでクロージング**してみてください。

その一言で決断してくれることもよくあるのです。

POINT

具体的な数字を示すとお客様の購入への意欲は一気に上がる

34

失敗しても再チャレンジできるクロージング

○ 心が動くフレーズ

これから先の詳細な打ち合わせは契約後になります。先に進めてもいいですか？

× ありがちなフレーズ

ぜひ、これで決めてください！

最終見積書を出して度胸一発、「これで決めてください！」と一言。これで決まればいいのですが、失敗したときのダメージはとてつもなく大きいものです。契約へ話を進めながらも“失敗した際に元に戻れる言い方”でクロージングに臨んでください。

多くの営業パーソンから**「クロージングは本当に難しいです」**という話を聞きます。

商談までは気さくに話ができるけれど、いざクロージングとなったとたんに緊張してしまい、力んでしまう。それがお客様に伝わり、身がまえられてしまう……。

こうして、うまくいくはずのクロージングが失敗に終わるのです。

これほど悔しいことはないですよね。

私は、これを自分が買う立場で体感したことがあります。

会社向けの保険に入ろうと思い、いろいろと検討していたときのことです。

中堅の営業パーソンとリモートで打ち合わせをしました。

その後、実際にお会いして提案書と見積書を見せてもらいます。

内容にも納得し、提案書や金額の面でも問題がなかったため、「この会社に決めようかな」と思い始めていました。

そんなときのことです。

その営業パーソンが、力を込めて「ぜひ、これで決めてください！」と熱く迫ってきたのです。

こんな圧が強い感じで決断を迫られると、動揺するものです。

私は、思わず「もう少し考えさせてください」と結論を先延ばしにしました。

もしこのとき、サラッと**「これでよければ話を進めましょうか？」**と言ってくれたとしたら、どうだったでしょう？

おそらく、この会社で決めたと思います。


とはいえ私自身、クロージングには長い間、とても苦労してきました。

「これで決めてください！」と何度もお客様に頭を下げたり、上司に同行をお願いしたりと。

しかし、こうして力めば力むほどお客様に引かれ、失敗に終わったものです。

その後、何度も痛い目にあった私は、試行錯誤しました。

その結果、「ぜひ、これで決めてください！」と一発勝負をするのではなく、**「これ以上の細かい話は契約後になります。先に進めてもよろしいですか？」**と言うようにしたのです。

決断を迫るより、〝**先に進める**〟と言われたほうがお客様は安心します。

実際、この言い方に変えたことによって、お客様から抵抗なく契約の判断をしてもらえるようになりました。


なお、このクロージングトークには、他にも大きなメリットがあります。

「契約してください」と迫ったときは、断られれば次はありませんが、この言い方であれば、**次にチャンスをつなげられる**ということです。

たとえば、このクロージングトークでお客様から断られたとします。

営　業「これから先の詳細な話は契約後になります。先に進めてもいいですか？」
お客様「うーん、金額について納得していない部分があるんです」
営　業「そうですか。わかりました。では、金額についてもう少し打ち合わせをしましょう」
お客様「そうですね」

このように自然に商談に戻れるのです。

そして、ころ合いを見てもう一度、クロージングできます。

私は、このクロージング方法に変えてから何倍も契約率を上げることができました。


目の前のお客様に対して時間と労力をかけてきた――。

だからといって、そのお客様に対して「ぜひ、これで決めてください！」の一発勝負ではリスクが高すぎます。

後戻りでき、さらにはお客様にプレッシャーをかけない言い方でクロージングしてください。

POINT

お客様に決断の圧をかけすぎると、契約のチャンスが遠ざかる

35

“自分だけ得をした”と感じてもらう

○ 心が動くフレーズ

○○さんにだけ特別条件で提示します。他の人には話さないでください

× ありがちなフレーズ

特別値引きです

ものを買うときは、誰しも「他の人より得をしたい」という気持ちが沸き起こります。ネットで買うとしても、「1ポイントでも多くつくサイトから買おう」と考えたりするものです。ぜひ、お客様に「自分だけ得をした」と思ってもらう言い方でクロージングしてください。

あなたが何かを買う立場だとして、営業パーソンから普通に「こちらが見積書です。これでご検討ください」と言われたら、どう思うでしょうか?

これでは、何の特別感もありません。

きっと「この見積書を基準にして、あと2、3社検討してみよう」となるはずです。

以前、家の物置を購入したときのことです。

物置は、めったに買うものではありません。

安いのか、高いのか、いくら値引きしてくれるのかも、まったくわからない状態でした。

とりあえず近くのホームセンターで見積もりをしてもらうことに。

おそらく高いだろうと予測していたので、「まずはここで見積書をとって、2、3社から相見積もりをとろう」と考えていました。

すると、そこのホームセンターの店員さんは、見積書を出す際、**「こちらが総額の見積書です。菊原さんだけ特別価格にしました」**と一言。

さらにボソッと、**「チラシ価格より安くしたので、他の人には話さないでください」**

と言ってきました。

もしかしたら、その店員さんの得意のクロージングトークだったのかもしれません。

しかし、その言葉を聞いて**「自分だけ得をした」**という感じがしました。

他と比較しようと思っていたのですが、思わず即決したのです。


私も住宅営業時代、同じようなトークでクロージングに成功したことがあります。

すでに家をお引き渡ししたお客様から息子さん夫婦を紹介していただいたときのことです。

ご両親からの紹介ということもあり、競合もなく話が進みます。

しかし、クロージング段階になって、お客様が契約を渋り始めます。

様子からして「特別サービスをしてほしい」といった雰囲気です。

そこで私は、**「購入するかどうか迷われていたオプションを特別に1つサービスします」**と言って決断を促します。

そして、**「お父さまには内緒にしてください」**とダメを押しました。

この瞬間、お客様は笑顔になり、その後、気持ちよく契約してくれました。

どんなお客様でも、**「自分だけは特別な条件で契約したい」**という気持ちがあります。

めったに買わない商品を購入する場合は、なおさらそう思います。

たとえ親兄弟と同じものを購入する場合だったとしても、自分が一番特別扱いされたいと思っているのです。

見積書を出すときやクロージングに際しては、**「お客様は特別条件で」**という言葉を添えてみてください。

そして、**「他の人には話さないでください」**と付け加えましょう。

その一言で、お客様は気持ちよく契約してくれることでしょう。

POINT

お客様は〝「あなただけは特別」トーク〟に弱い

36
クロージングが難しいときの切り札

○
心が動くフレーズ

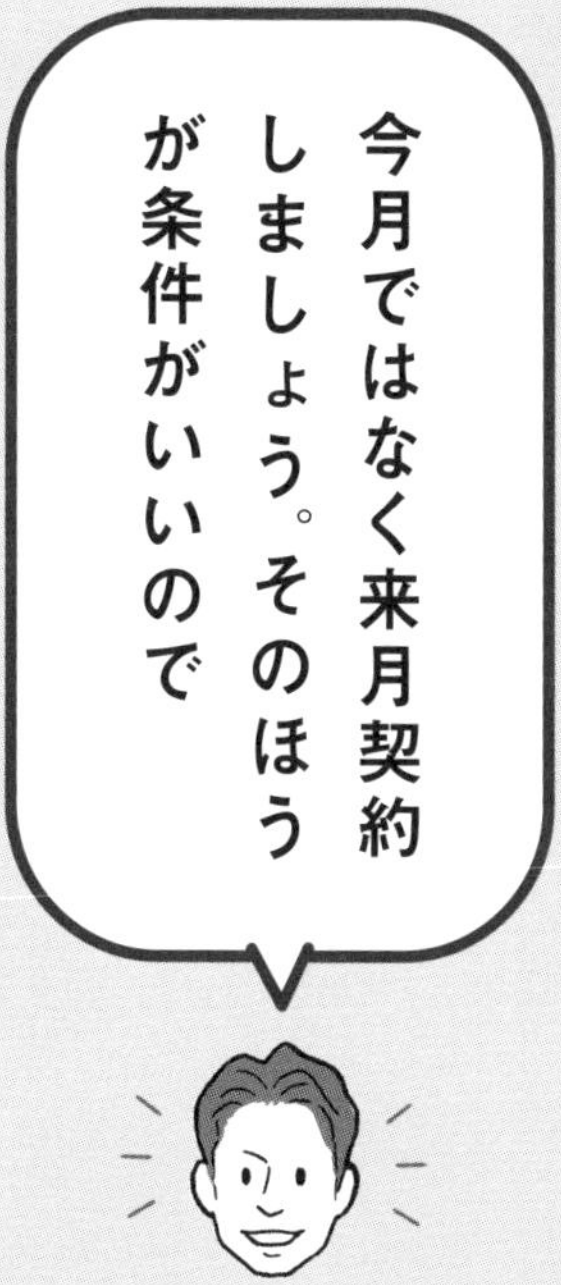
今月ではなく来月契約しましょう。そのほうが条件がいいので

×
ありがちなフレーズ

なんとか月末までにハンコを押してください

見積書を出して了承を得て契約になる。すべてのお客様がそうなれば最高です。しかし、そんなにうまくいくことばかりではありません。お客様が難色を示したときは、思いきってこちらから結論を先延ばしにして次回にチャンスをつなげるという戦略もあります。

世の中の90％以上の営業パーソンは、自分の成績のことだけを考え、決断を渋るお客様に売りつけようとします。

しかし、そんなことでは間違いなくチャンスを潰します。

商談がなくなるのはもちろんのこと、悪い口コミも広がります。


かくいう私自身、ダメ営業時代は、自分のことしか考えていませんでした。

月末になれば、上司から大きなプレッシャーをかけられます。

そこで、迷っているお客さまに対して、「今月中であれば特別条件でご契約いただけます。なんとか月末までにハンコを押してください！」と迫ります。

私が扱っていたのは、戸建住宅です。

お客様にとっては一生に一度の大きな買い物ですから、迷って当然です。

そんなお客様の気持ちも考えず、自分がラクになりたいという一心から、強引に契約書にハンコを押させようとしていました。

こちらの都合で結論を迫っても、当然うまくいきません。

こうして、せっかく温めてきた大切な商談を潰すことを繰り返していたのです。

それに対して、トップ営業時代の私は、月末だからといってお客様の考えを無視した強引なクロージングはしませんでした。

商談をしていると、「このお客様は今月決まらないだろうな」というのが肌感覚でわかってきます。

そういったお客様に対しては、**「今月ではなく来月契約しましょう。そのほうが条件がいいので」**と伝えるようにしていました。

さらには、翌月に決算があるとすれば、契約してくれるお客様に対して、**「来月は決算がありますから、今月ではなく来月がいい条件を提示できます」**とあえて契約を先延ばしにしていたこともあります。

このように伝えると、お客様に**「この営業パーソンは私たちのことを真剣に考えてくれている」**というイメージを与えられます。

1カ月先送りにすることで、せっかくのお客様との商談を潰すことなく、信頼を深めてから契約することができるのです。

実際、世の中の営業パーソンで**「今月ではなく来月契約しましょう」**と言ってくれる人はどれほどいるでしょうか？

売らんがなの店員や営業パーソンが多い中、お客様のことを真剣に考えてくれる営業パーソンは、特別な存在として記憶に残ります。

クロージングが決まるのはもちろんのこと、その後も信頼関係が続きます。**結果としてリピート、追加契約、紹介などといったことも期待できるでしょう。**

ノルマを達成したいという気持ちから、自己都合で契約を迫ってはなりません。ラクになりたい気持ちをグッと抑え、**「来月にしましょう」**と言えるかどうかが成功と失敗の分かれ道になるのです。

POINT

果実は焦らず大きく育ててから収穫する

第6章

「見込み客」と「リピート客」が思うように増えなくて困っています

―― 本物の顧客志向で、ファンを生み出す

37

その場で紹介をもらう

○ 心が動くフレーズ

この情報を送っていい人はいますか？　たとえばご両親とかご兄弟とか

× ありがちなフレーズ

どなたかご紹介ください

お客様に対して「どなたかご紹介ください」とお願いしても、まず紹介してもらえることはありません。そうではなく、“情報を送ってもいい人”というようにハードルを下げるのです。その際には、いろいろと具体的な候補を出すと、お客様も思いつきやすくなります。

私は11年間、住宅営業をしてきました。

住宅営業における紹介とは、〝これから家を建てる人〟ということになります。

身近に都合よく、「そうそう、ちょうど息子が家を建てようと考えているの」「そういえば私の知り合いが、『そろそろマイホームのことを真剣に考えようかな』って話してたっけ」「会社の上司が娘さんに家を建ててあげるようなことを言ってた」などといった話が転がっているわけではありません。

ですから、「誰か紹介してください」では、紹介などめったに出ないのです。

そうではなく、暮らしに役立つ情報を見せたうえで、**「こういった情報を送っていい人を紹介してください」**と言いかえたほうが、話はスムーズに進みます。

- 夏バテ防止の簡単レシピ集
- コスパのいい旅行プランのヒント
- 1日3分の体操で5キロ痩せる方法

ネタは何でもかまいません。

何か役に立つような情報であれば大丈夫です。

このような形で、ハードルを下げてお願いすることで、紹介がもらえる確率が上がります。

もちろん、私の場合は住宅営業でしたから、この情報に加えて〝家づくりの情報〟をスッと混ぜて送ってはいましたが（要は、**暮らしに役立つ情報に加えて、自分の商品の情報も混ぜて送る**ということです）。

ちなみにハードルを下げてお願いする際には、**「たとえばご両親とか、ご兄弟とか、会社の同僚とか、サークルの仲間とか」**というように、具体的な候補を出していくことがポイントになります。

するとどこかでヒットし、「だったら会社の後輩なら紹介できるかな」と思い出してくれたりします。

ただし、情報を送るだけだとしても、お客様にしてみれば「紹介して迷惑をかけるのは嫌だ」と思うものです。

そこで、**「仮にご紹介していただいても、いきなり訪問したり電話したりはしませ**

んので、**ご安心ください」**と付け加えるようにしましょう。

このような言い方をすることで、安心して紹介してもらえるようになります。

どんな商品を扱っているとしても、紹介をもらうのは簡単なことではありません。

まずは、ハードルを限りなく下げたうえで依頼してください。

さらには、いろいろな候補を具体的に出し、お客様に迷惑がかからないことも伝えましょう。

POINT

単に「紹介してください」では紹介はもらえない

38

さりげない雑談から追加の注文をもらう

〇

心が動くフレーズ

最近はこんな仕事もやっていまして

×

ありがちなフレーズ

またよろしくお願いします

お客様の多くは、あなたの仕事内容を完全には把握していません。すでに付き合いのあるお客様であったとしてもです。お客様と顔を合わせたら、雑談の一部として「最近はこんな仕事もしていまして」と伝えるようにしましょう。これを聞いて、「では、この仕事をお願いします」となることもあるのです。

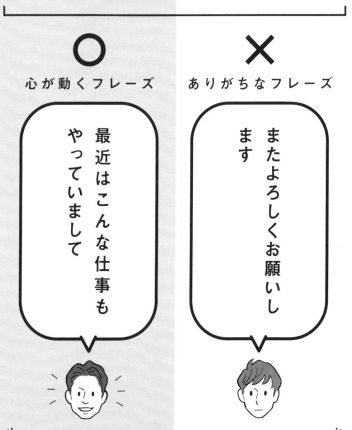

私は、いろいろな業界で研修や講演をさせていただいています。ときには税理士、行政書士といった士業関係の方からご依頼をいただくこともあります。

こういった人たちの多くは、「営業は苦手だし、売込みをしたくないから資格をとった」という考え方をしており、いわゆるコテコテの営業活動はできません。

しかし、お客様から仕事はもらいたいと思っています。

行政書士の方から営業の相談をいただいたときのことです。

それまでは取引がある会社やお客様のところに顔を出し、「またぜひよろしくお願いします」と挨拶をしていたとのこと。

しかし、なかなか仕事をもらえなかったと言います。

そこで私は、お客様と顔を会わせた際に、雑談の中で**「最近はこんな仕事もやっています」**と伝えるようにアドバイスしました。

すると、その後、雑談の中でローンの手伝いをしていることを伝えた得意先から、「ローン関係の仕事もやっているのだったら、これを手伝ってほしい」とお願いされたとのこと。

行政書士の仕事は、書類代行や会社設立だけだと思っている人も多いものです。中には、「行政書士って、いったい何の仕事をしているの？」といった具合に、まったく知らない人もいるでしょう。

ですから、お客様に対して提供できるサービスや仕事内容があれば、それを雑談に交えて伝えることをおススメします。

口頭で伝えるだけでなく〝お役立ち情報〟として送ってもいいですし、メールの返信で「最近はこんな仕事もしています」と伝えるのでもOK。

定期的に「最近は○○の仕事もやっていますよ」と伝えることで、自然と仕事の依頼が増えてくることでしょう。

POINT

とりとめもない雑談ではなく、追加の仕事がもらえる雑談をする

39

値引きに対処しながら確実に紹介をもらう

○ 心が動くフレーズ

このオプションをサービスしますから、かわりに２人ほど紹介してください

× ありがちなフレーズ

ぜひ紹介してください

お客様とのやりとりで厄介なことの１つが“値引き交渉”です。安易に値引きをすれば利益がなくなりますし、突っぱねれば商談自体が消えてなくなることもあります。ここでは、値引きに対処しながら確実に紹介をもらう方法についてお伝えします。

営業パーソンにとって〝紹介がもらえるかどうか〟は大変重要な要素になります。**紹介のお客様は競合が少なく、契約率が高いからです**。

だからといって、ただ単に「ぜひ紹介してください」とお願いしても、なかなか紹介はもらえないもの。

お客様からすれば、紹介する義務はありませんし、下手に紹介すれば、あとで「あの営業はよくなかったよ」などと文句を言われかねないからです。

私自身、長い間**「どうすれば効率よく紹介がもらえるのか？」**と考えていたものです。

そんなある日のこと、お客様とのやりとりの中で、いい方法を発見しました。

あるお客様と商談が順調に進み、クロージングの場面に。

金額は予算内に収めており、ローンの審査も通っています。

決まらない理由がありません。

しかし、お客様は浮かない顔で**「金額はこれ以上、安くならないんですよね？」**と言い出したのです。

要するに〝**値引き要求**〟です。

この対応には、いつも困っていました。

ここで安易に値引きをすれば利益が減りますし、**「ちょっと言っただけで金額が下がるなんて、信用できない」**と思われることもあります。

過去にこれで何度も失敗してきました。

だからといって、「これ以上の値引きはムリです」と突っぱねたら、お客様はがっかりして、一気に購買へのモチベーションが下がることでしょう。

私は過去の失敗経験を踏まえ、**「このオプションをサービスしますから、そのかわりに2人ほど紹介してください」**と言ってみることにしました。

するとお客様は気持ちよく契約してくれたうえに、会社の後輩2人を紹介してくれたのです。


私自身も、買う立場で値引き交渉をしたことがあります。

しかし、店員さんからは「この商品はムリですね」と、すげない一言。

なんだか気まずくなったこともあり、「では、ちょっと検討させていただきますね」

と、そのお店から逃げるように出ていきました。

私は、高額の値引きを要求したわけではありません。

もしこのとき、**「誰かご紹介いただければ、このグッズをサービスしますよ」**とでも言ってくれれば、気持ちよく購入したことでしょう。


繰り返しになりますが、クロージング時の値引き交渉でこちらが安易に値引きをすれば信頼を失いますし、断ればお客様の購買へのモチベーションが下がります。

そんな場合は、値引きの交換条件として紹介をお願いすることをおススメします。

仮に紹介できる人がいなくても、「この金額がギリギリで限界です」ということが伝わります。

ぜひ、この方法で契約を決めるのと同時に、紹介ももらってください。

POINT

値引きを要求されたら交換条件を提示する

40

クレームを新たな仕事につなげる

○ 心が動くフレーズ

他に困っていることはありますか？　○○以外のことでもかまいませんから

× ありがちなフレーズ

すぐに対応させていただきます

どんなに注意して活動していても起こってしまうのが“クレーム”です。そのクレームが起こったときには、「これは新たな仕事をもらうチャンスだ」と考えるようにしましょう。それだけでもクレームをポジティブに捉えることができます。

先輩コンサルタントとお会いしたときのことです。

その方は**〝クレームから仕事をとる〟**というスキルをもっています。

その秘訣を聞いたところ、「クライアントからクレームがきたときは、問題を解決したうえで**〝よかったら○○以外でお困りのことについても相談に乗りましょうか？〟**と言ってみるといい」と教えてもらいました。

たしかに、これは効果がありそうです。

クレームがきっかけで、新しい依頼につながることもあるでしょう。

嫌々対応していたのとでは大違いになります。

以来、私はお客様からクレームがきたとき、必ず**「他に困っていることはありますか？　些細なことでもかまいませんから」**と声をかけるようにしました。

不具合が発生したということは、他の細かい問題も発生している可能性があります。

実際、このように声をかけると、「じゃあ、この金具の調子がよくないので交換してもらおうかしら」と交換依頼をもらえることもありました。

クレームを処理するだけでなく、少額ですが追加工事の仕事もとれたのです。

また、**「家以外のことでもかまいませんから」**と伝えることもありました。

すると、「パソコンの使い方がよくわからなくて」というお悩みをいただいたこともあります。

このような些細なことでも、問題が解決した際は大いに喜ばれました。

結果として、それをきっかけに新たな仕事をいただいたり、紹介をいただいたことは何度もあります。

クレームがきたら、迅速に対応するのはもちろんのこと、ぜひ**「他に困っていることはありますか？　〇〇以外のことでもかまいませんから」**と一声かけてください。

こうした一言がお客様をリピーターに導くきっかけにもなるのです。

POINT

クレームをきっかけに追加契約&紹介をとる

41
ムリなお願いをされたときの向き合い方

○ 心が動くフレーズ

これはできませんが、こちらでしたら、しっかり対応させていただきます

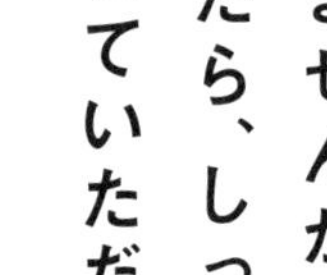

× ありがちなフレーズ

なんとか対応させていただきます

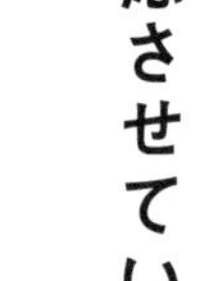

お客様からムリなお願いをされたときというのは、どうしてもいい返事をしてしまいがちです。しかし、その場はいいとしても、あとでトラブルの原因になるケースは多々あります。できることはできる、できないことはできないとハッキリ伝えたほうが信頼は深まるのです。

あなたは、商談中のお客様からムリな要求をされたら、どうしますか？

通常は、**「できないと言ったら、検討から外される」**と思いますよね。

そこで、つい「なんとか対応させていただきます」と言ってしまい、後になって「やはりできませんでした」と伝えなければならなくなる……。

これでは、お客様をよけいにガッカリさせるだけです。


これはクレームでも同じです。

お客様が怒っていると、どうしても「難しいと思いますが、なんとかしたいと思います」などと、その場をごまかそうとします。

ダメ営業時代の私がそうでした。

以前、壁紙の不具合で怒ったお客様から、「住んで2カ月もしないうちにはがれるなんて、どうなっているんだ。すべて張り替えろ」と言われたことがあります。

その原因は明らかにお客様にあったので、そんなことはできないに決まっています。

しかし、その場ではごまかし、会社にもち帰りました。

上司に相談しましたが、答えはもちろんＮＯ。

後日、できないということを伝え、さらに激怒されたのです。

一方、トップ営業は違います。お客様の要求に対して、できないのであれば**「それはできません」**とその場できっぱりと答えます。

ただし、「できません」と言いっぱなしではありません。

「○○はできませんが、△△でしたらできます」と代替案をしっかり示すのです。

お客様からのムリな要求に対して、ごまかしたりしていないでしょうか？「なんとか対応します」などとごまかしていれば、最後には間違いなくトラブルにつながります。

できることは「できる」、できないことは「できない」とハッキリ伝えましょう。

POINT

安請け合いをしないほうが結局はお客様の信頼を深める

42

細かい時間まで しっかり報告する

○

心が動くフレーズ

○○の件ですが、○日後の○時までに終わります

×

ありがちなフレーズ

○○の件、承知いたしました

お客様からの依頼について、しっかりと見通しを報告する。これは営業の基本の基本ですが、意外にもできていない営業パーソンが少なくありません。細かい部分までしっかり報告して、お客様を安心させてあげてください。

知人から「ネット関係の業者を1社切った」という話を聞きました。

その理由を聞くと、**「キチンと報告をしてくれないから」**ということでした。

あるとき、知人がその会社にホームページの変更を依頼。

それに対して「承知いたしました」という返信はあったものの、それだけです。

いつまでに、どのように行われるかわかりません。

にもかかわらず、いつの間にかホームページが変更されていたというのです。

これでは、不安になって当たり前です。

依頼された会社にしてみれば、〝安易に日程を約束して守れなくなる〟ということを避けたかったのかもしれません。

しかし、仮にそうだとしても、だいたいの目安は教えてもらいたいですし、せめて完了報告のメールくらいは送ってほしいものです。

その一方、別の会社に依頼すると、すぐに**「変更の件ですが、2日後の16時までに終わります」**と期限付きで返信してくれたとのこと。

そして仕事が終われば、**「○○の件、今日アップいたしました」**とキチンと報告してくれたというのです。

どちらの会社が生き残っていくのかは、一目瞭然ですよね。

さて、これは営業パーソンにとっても同じことです。

あなたは、お客様から何かの仕事を依頼されたとき、見通しを細かに報告しているでしょうか？

仕事を依頼されるのはありがたいことです。

感謝の気持ちを忘れてはなりません。

それを示すためにも、「〇日の〇時までに終わります」と予定を知らせましょう。

そして、終わったら完了報告もしっかりと行ってください。

それが、あなたへの信頼度アップに直接つながっていくのです。

POINT

予定の細かな報告は、営業パーソンにとって最低限の責務

43

問い合わせから チャンスをつかむ

○

心が動くフレーズ

こちらは終了しましたが、非常に近い商品があります

×

ありがちなフレーズ

こちらは終了いたしました

トップ営業は、どんなに小さなチャンスだとしても、絶対に逃したりしません。問い合わせに対して一言、何かを加えることでチャンスを広げています。一方、ダメ営業は問い合わせに答えるだけ、受けるだけでおしまいです。チャンスをみすみす逃してしまうのです。

以前、新聞の折り込みチラシを見て、ゴルフショップに行ったときのことです。

お買い得のゴルフの距離計を買うのが目的です。

しかし、私が行ったときには、すでに売り切れ。

店員さんに聞いたところ、「さっきの人で最後だったんです」ということでした。

なんとも悔しいものです。

ガッカリして帰ろうとする私に対し、その店員さんは**「ご希望の商品はありませんが、その条件に近いものがあります」**と提案してきます。

さっそく私は、店員さんの話を聞いて、提案された距離計を購入しました。

もし、そのような提案がなければ、このお店で購入することはなかったでしょう。


これは、お客様からの問い合わせでも言えることです。

ダメ営業時代の私は、「○○の土地の件で話を聞きたいのですが」という電話に対して、「すみません。その物件は売れました」と伝えていました。

それでおしまいです。

そのときは、「まあ土地は1つしかないし、売れたものはしかたがない」と思っていたのです。

当時の私は、チャンスを逃したことにすら気づいていませんでした。

お客様はいろいろ検討したうえで、思いきって連絡をしてくれています。

このチャンスをあっさり逃してしまうことほど、もったいないことはありません。


その一方でトップ営業は、「その物件は売れました」で終わらせず、**「じつは、その物件以上にいい土地があるんですよ」**などとお客様に提案します。

こういった一言をキチンと言えるかどうか？

ぜひ、あなたもトップ営業の言葉を参考にして、売上げをグングン伸ばしていってほしいと思います。

POINT

ただ問い合わせに答えるのではなく、一言を加えて新たな仕事をとる

第7章

「メンタル」を強くして、“売れ続ける営業”になりたいです

——発想の転換で、“折れない心”をつくる

44

トラブルを前向きに捉えて関係を強化する

○ 心が動くフレーズ

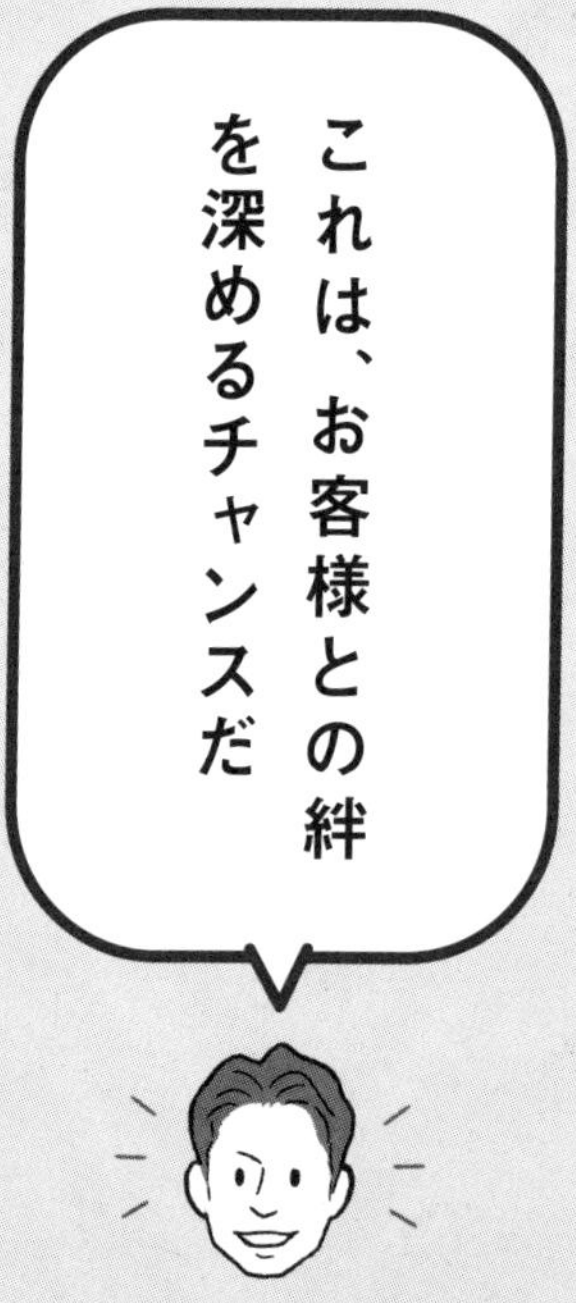
これは、お客様との絆を深めるチャンスだ

× ありがちなフレーズ

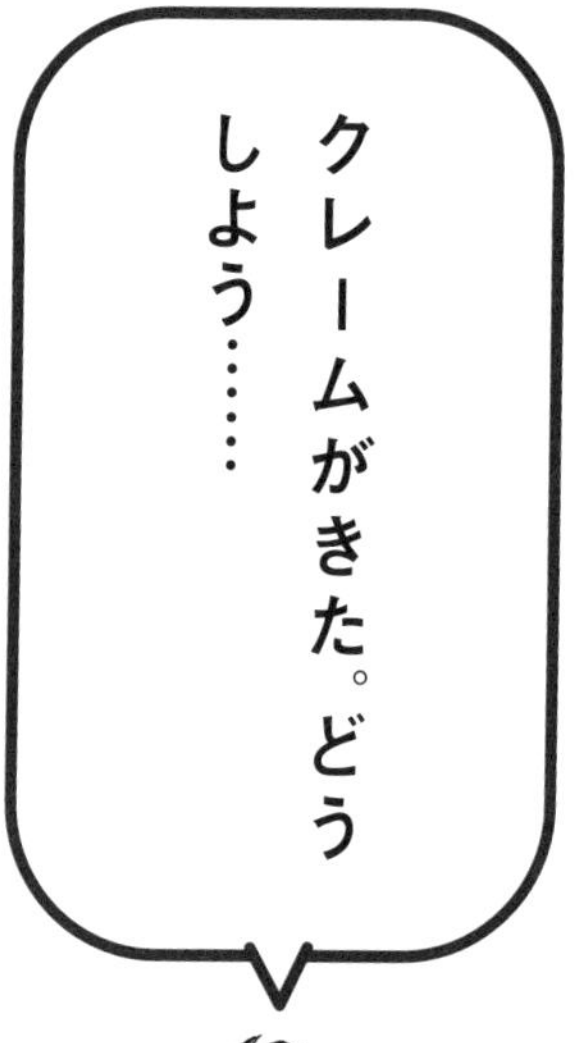
クレームがきた。どうしよう……

営業活動をしていれば、必ずクレームは起こるものです。その際、「あぁ、クレームかぁ」と落ち込んでいても、何もいいことはありません。そんなときこそ、「これは、お客様との絆を深めるチャンスだ」と思うようにしてください。こう考えるだけで、ずいぶん気持ちがラクになります。

私が住宅営業時代に、同じ営業所で働いていた先輩のことです。

先輩は契約自体はしっかりとってくるものの、ケアレスミスなどで、よくトラブルを起こしていました。

契約数とクレーム数が比例しているといった感じです。

通常、こういったタイプの人は売れなくなるものなのですが、この先輩は成績上位をキープしていました。


あるとき、先輩にきついクレームが発生します。

内容的には、他の活動に手が回らなくなるほどの難しい案件です。

しかし、先輩は落ち込んではいません。

それどころか、**「よし、これはチャンスだぞ！」**と自分を奮い立たせています。

このときは、さすがに「ムリにモチベーションを上げているのだろう」と思っていたのですが、無事、そのクレームを解決し、以前よりお客様との関係を深めたのです。

どんなにポジティブな営業パーソンでも、クレームが起こるとテンションが下がるものです。

できればクレームなど起こさないほうがいいに決まっています。

しかし、起こってしまったら前向きに考えるようにしたほうがいいのも事実です。


私自身、クレームで関係が深まるという経験をしました。

あるとき、ちょっとした連絡ミスから問題が発生。

それまで非常にいい関係だったので、「なんてことをしてしまったんだ」と、とても落ち込みました。

私はその後、できることをすべてやります。

時間はかかりましたが、そうしてなんとか問題を解決。

お客様からの信頼を取り戻します。以前よりいい関係になり、その後も定期的に紹介をいただけるようにもなりました。

まさに〝**災い転じて福となす**〟ということになったのです。

お客様は「暇だから営業パーソンに嫌がらせをしよう」などと思ってクレームを言ってくるわけではありません。

本気でいい商品を手にして満足したいと思っていますし、問題を解決したいからこそ、「これはどうなっているのですか?」と訴えてくるのです。

営業パーソンたるもの、それに真摯に対応しないわけにはいきませんよね。

クレームが起こったら、まずは「これは、このお客様との絆を深めるチャンスだ」と考えるようにしてください。

実際に口に出して言うことで、逃げ腰にならず積極的に行動できるようになりますし、どんな問題も必ず解決します。

その後は、きっとそれまでより何倍も関係が深まることでしょう。

POINT

問題を解決した後のお客様は、必ずあなたのファンになる

45

スランプに陥ったときの正しい臨み方

○

心が動くフレーズ

このスランプから、必ず何かしらの発見があるぞ

×

ありがちなフレーズ

スランプだ。まったく先が見えない……

営業には波があります。契約が順調にとれている時期もあれば、「何をやっても、うまくいかない」といったスランプの時期もあるものです。しかし、振り返ってみれば、「あのスランプのときにヒントが見つかった」という発見があるのも事実。スランプもまた、大きな飛躍のチャンスなのです。

できる営業パーソンを見ていると、「この人にはスランプなんかないのだろうな」と思ってしまいがちです。

もし、あったとしても、軽く、サッと気分転換をしてすぐに脱出してしまう、といったイメージをもっているものです。


私も、ずっとそう思っていました。

あるとき、長期間、安定して結果を出している先輩に対して、「スランプなんて、ほとんどないですよね」と質問したことがあります。

すると先輩は、**「そんなわけないだろう。俺なんか、しょっちゅうスランプになっているよ」**と言ったのです。

たしかに、どんな営業の天才でも落ち込むときやスランプになるときがあります。

それは防ぎようがありません。

しかし、トップ営業は、その捉え方が違います。

どんなに厳しい状況の中でも、**「ここから必ずヒントが得られるぞ」**と思い、前に進んでいるのです。

これまで私自身、何度もスランプを経験してきました。

7カ月間、契約がとれなくなり、精神的に追い詰められたこともあります。

しかし、そのときに「直接会うアプローチはやめて、文字情報で気持ちを伝えよう」というアイデアが生まれました。

結果として、そのときの気づきが私をトップ営業へと導いてくれました。

あなた自身も、後から振り返ってみれば、**「あのときのスランプが重要な気づきにつながった」**といった経験があるはずです。

スランプになったときは、**「必ずここから何か発見できることがあるぞ」**と考えるようにしましょう。

それだけでモチベーションが上がっていきます。

POINT

スランプになったときこそ「しめた」と考える

46

長期間トップの成績を出す人の発想法

○ 心が動くフレーズ

× ありがちなフレーズ

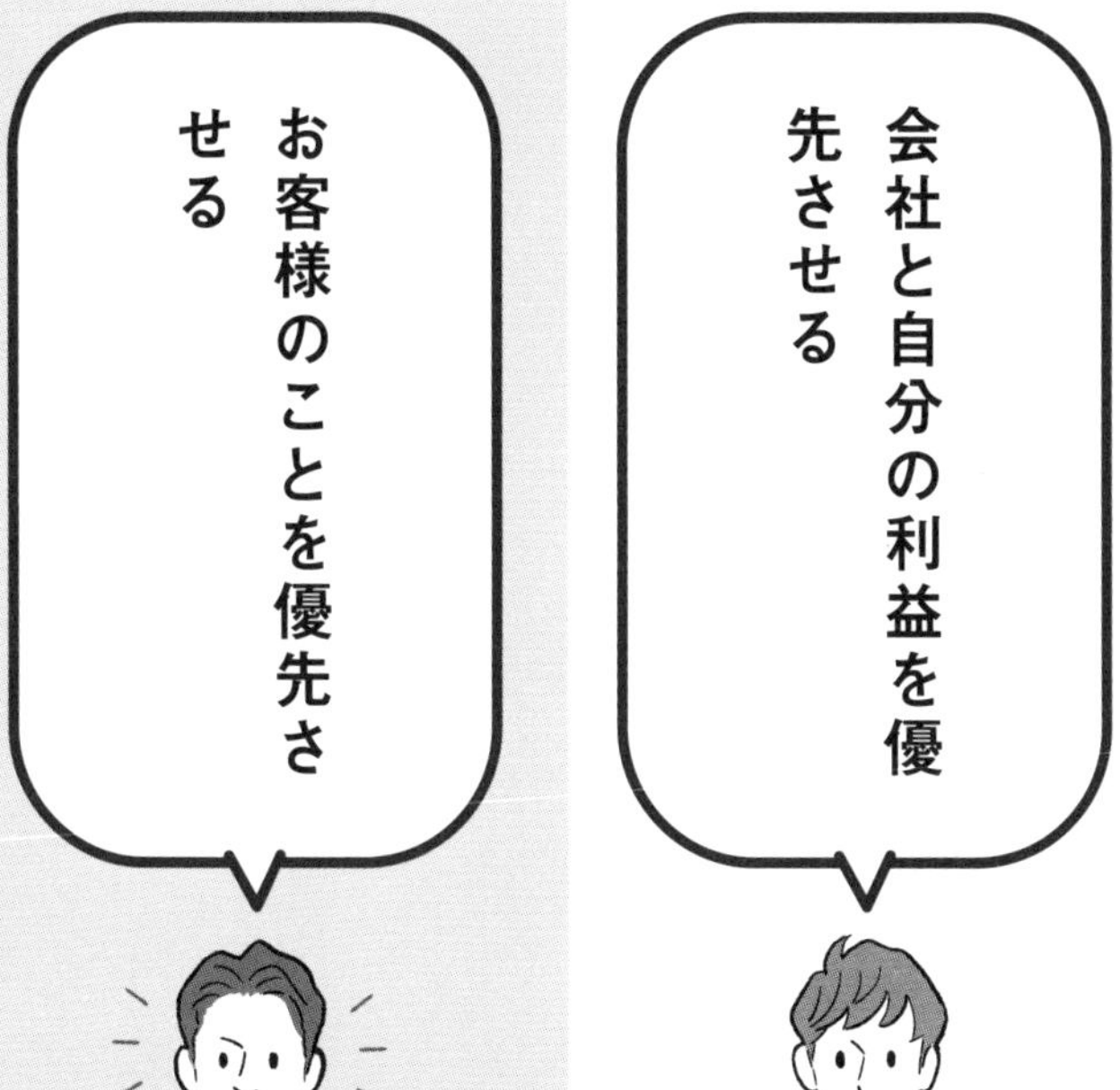

結果や利益をたくさん出し称賛される。これは営業パーソンの醍醐味の1つです。たしかに、それをモチベーションとして結果を出す人もいます。しかし、結果を出したいという気持ちが強くなりすぎると、えてして転落する運命をたどるもの。長期間トップ営業でいるための考え方をぜひ学んでください。

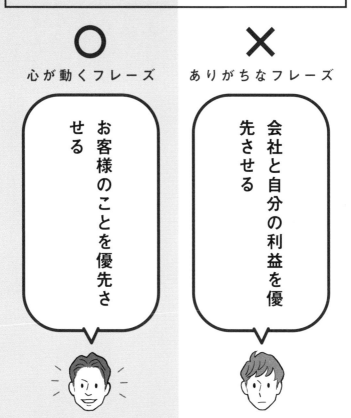

ダメ営業時代に、ある時期だけトップになったことがあります。

限定されたエリアですが、トップはトップです。

それまではゴミのように扱われていた存在から、まわりの人たちから称賛されるようになりました。

私はこのとき、初めて**「トップというのは、こんなに気持ちのいいものなんだ」**という優越感を味わったものです。

人間は欲深いもので、そうなると「また結果を出して、次もトップに立ちたい」という気持ちが芽生えるようになります。

こういった向上心は、悪いことではありません。

しかし、それが悪い方向に作用することもあるので注意が必要です。

私の場合、結果を出したことで、知らず知らずのうちに自己中心的になり、強引に話を進めるようになったのです。

当然のことですが、こういったスタイルはお客様に好まれません。

敗戦が続き、あっという間に最下位グループに落ちました。

このときほど、みじめな気持ちになったことはありません。

しかし、「今後は絶対にこんな思いをしたくない」と心に誓いながらも、同じようなことを数回繰り返してしまったのです。

そんなある日のこと、私が判断に迷う場面に遭遇します。

あるお客様と商談をしていました。

このお客様は本社のパートナー会社の紹介で、私の会社しか検討していません。

いわゆる**〝目をつぶっても契約できる〟**というお客様でした。

しかし、話を進めていくうちに、私の会社ではお客様の要望を実現できない部分がたくさん出てきました。

その後も、迷いながら商談を続けます。

そのお客様も、ずいぶん譲歩してくれました。

しかし、中にはどうしてもお客様の要望には対応できないことがあり、私の中で次第に罪悪感が増していったのです。

そこで私は、意を決して**「他社の工法のほうが○○さんの希望が叶います」**と伝えました。

お客様も薄々気がついており、「本当はそうしたかった」と告白してくれます。

関連会社であったため、本音を言いにくかったのでしょう。

結局、そのお客様は他社と契約しました。

ただ、そのときの私は、心から清々しい気持ちになったのです。

これが仮にお客様に真実を伝えずに契約をしていたら、どうだったでしょう？

契約になって一瞬は嬉しいかもしれません。

しかし、罪悪感が残るのはもちろんのこと、クレームになるのも間違いありません。

長期で考えれば、他社に決まったほうがお客様にも私にもメリットが大きいのです。

その後も、さまざまな場面で「どう判断していいのか？」と迷うケースに遭遇しました。

会社や自分の利益で考えれば、契約をとったほうがいいに決まっています。

しかし、**「お客様のことを優先する」**と考えると、自分がやるべきことが見えてきます。

以来、私は自社では要望に対応できないと思ったお客様に対しては、**「本当は契約したいのですが、お客様のことを考えると他社のほうがいいと思います」**と正直に伝えるようになりました。

ありがたいことに、他社で決まったお客様から「菊原さんは本当に信頼できる人だから」と見込み客をご紹介いただいたことは一度や二度ではありません。

そのおかげで退職するまでの4年間、ずっとトップ営業でいられたのです。

〝会社や自分の利益〟と〝お客様の利益〟が衝突するときは、歯を食いしばって正しいほうを選択するようにしてください。

そういう人だけが結果を出し続けられるのです。

POINT

自分の利益を優先しすぎれば、あっという間に転落する

47

お客様と深い関係になるための心がまえ

○	×
心が動くフレーズ	ありがちなフレーズ
このお客様と心中する	多くのお客様の1人だ

野球で「今日はエースと心中する」という言い方をすることがあります。何があっても、信頼しているエースと運命をともにするということです。結果を出している営業パーソンは、「お客様と運命をともにする」という覚悟で臨んでいます。だからこそ、深い関係を構築できるのです。

私が一緒に働いていた先輩の話です。

その先輩は、お客様からよく紹介をもらう人でした。

他の商品と違って、住宅の紹介は、そう簡単にもらえるものではありません。

家は一生に1回の大きな買い物ですし、紹介すれば責任が生じます。

仲のいい友人や親兄弟だとしても、腰が引けてしまうものなのです。

にもかかわらず、その先輩はお客様から頻繁に紹介をもらっています。

その秘訣を知りたくて、「どうしてそんなに紹介がもらえるのですか?」と質問したことがあります。

すると、**「とくにないけど、しいて言えば〝お客様と心中する〟というイメージで仕事をすることかな」**と答えたのです。

これは衝撃的でした。

〝心中〟は先輩の大げさな言いまわしだったのかもしれませんが、この言葉は営業の本質をついたものだったからです。

ダメ営業時代の私は、契約数が少ないのに、その数少ないお客様すら大切にしていませんでした。

何しろ契約したお客様と打ち合わせをしているときに、「さっさと終わらせて新規のお客様を探したいなぁ」などと考えていたのですから……。

さらには、お客様が二択で迷った際に、「どちらでもたいして変わりませんから、早く決めましょう」などと、気持ちのこもらないことを言ったこともあります。

これでは、お客様と深い信頼関係など築けるはずがありません。

ただ、そんな私もトップ営業になると、長期間フォローし、信頼関係ができたお客様に対して「たくさんいるお客様の1人にすぎない」と考えることは微塵《みじん》もなくなりました。

そもそも「菊原さんに家づくりを任せたい」と言って私を選んでくれたお客様に対しては、真剣に向き合わなければ失礼です。

実際、**「このお客様と一生付き合う」**と考えられるようになってから、お客様との関係は劇的に好転。

このときに初めて、「先輩が言っていたことは、これだったんだな」とようやく理解できたのです。

「お客様と心中する」と考えると、何よりも行動が変わります。

できることはすべて行うようになりますし、目の前のお客様に集中するようになります。

一見すると、1人ひとりのお客様への対応に時間がかかるように思えるかもしれませんが、適当にやってクレームや問題を起こしたのでは本末転倒です。

多くのお客様は、特別扱いしてほしいと思っています。

だからこそ、目の前のお客様に集中することが、一番効率がいいのです。

このようなスタンスでお客様と向き合うようになれば、紹介も少しずつ出るようになります。

結果として、安定して契約がとれるようになることは間違いありません。

POINT

1人のお客様に全力で対応したほうが結局はうまくいく

48

まわりの人から協力してもらう

○

心が動くフレーズ

報奨金は自分１人のものではなく、代表してもらっているだけ

×

ありがちなフレーズ

自分で稼いだ金だ。好きに使って何が悪い

会社にもよりますが、営業職のメリットの１つとして“売れれば報奨金がもらえる”というものがあります。ただ、営業職以外の人は「営業ばっかりいい思いをしてズルい」と思うことがあるのも事実。一部でもいいので、まわりの人に還元して、気持ちよく協力してもらえるようにしましょう。

同じ営業所にいたAさんのことです。

Aさんは上位グループの成績を残す人です。

しかし、成績はいいものの、ルーズな部分があり、期限ぎりぎりになってから、あわてて協力をお願いすることもよくありました。

たいていは、まわりに迷惑をかけます。

私も、いろいろと手伝わされたものです（私も手伝ってもらっていましたが）。

ただ、人柄自体は悪くないので、それほど気にはなりませんでした。

あるとき、そのAさんの調子がすこぶるよく、コンテストで上位に入賞します。

そして、全体会議で表彰され、けっこうな金額の報奨金をもらいました。

しかし、まわりの人への還元はありません。

そのほとんどのお金を、趣味の車につぎ込んだのです。

それを聞いたまわりの人たちは、冗談半分で「そんなにもらったのだから、車じゃなくて私たちにもおごってよ」と言っていました。

しかしAさんは、それに対して「自分で稼いだ金なんだ。好きに使って何が悪い」と言い放ちます。

それを聞いたとき、私は「それを言ったらおしまいだよ」と思いました。

その後、Aさんは誰からも協力されなくなります。

Aさんが最下位グループに転落していったのは言うまでもありません。


その一方、Bさんは違います。

BさんもAさんレベルの成績を残している人でした。

Bさんも、まわりに頼るタイプです。

ただ、みんなから「ちょうど手が空いたので何か手伝いましょうか？」と声をかけられていたほど人望があった点は、Aさんと大きく違っていました。

あるとき、Bさんが表彰され、報奨金をもらいました。

するとその晩、**「今日は自分がおごるので、来られる人はこのお店に来てください」**とアナウンスしたのです。

考えてみると、それ以前からBさんはまわりの人によくおごってくれる人です。

私も、手伝った以上にご馳走をしてもらっていました。

その理由を聞くと、**「そんなの当たり前だ。報奨金は自分1人のものではなく、代**

表してもらっているだけなんだから」とのこと。

この言葉には、とても納得感がありました。

Bさんがその後も好成績を維持していたのは、当然のことだったと思います。

Bさんの話に感銘を受けた私は、それ以来、忠実にBさんの教えを実行しました。

ときには報奨金以上に使うこともありましたが、そのお金がムダだった、と思ったことは一度もありません。

もし、あなたに報奨金が出たとしたら、一部でもいいので、まわりに人たちに還元しましょう。

そんな気遣いができる人こそが、**〝売れ続ける営業〟**になれるのです。

POINT

まわりの人の協力があっての成績であるということを忘れない

49

成長し続ける人の哲学

○

心が動くフレーズ

すべて自己責任だ

×

ありがちなフレーズ

うまくいかないのは、アイツのせいだ

仕事、スポーツ、人間関係——。その結果はすべて自己責任です。ただ、そんなことは十分にわかっていても、思わず人のせいにしてしまうのが人間です。自分以外の何かのせいにしそうになったら、「すべて自己責任だ」と言い聞かせる習慣を身につけましょう。

知人のKさんとのゴルフでのことです。

雨と風の悪天候で、さんざんな結果に。

私を含め、他の人たちも「こんなコンディションでは、スコアが悪くなってもしかたがない」と話していました。

Kさんも苦戦していました。

ただ、私たちとの違いは、**〝いっさい言い訳をしない〟**ということです。

結果に対して、**「完全にスキル不足。自分がヘタなだけ」**と言っていたのです。

その発言を聞いて、「潔い人だな」と思いました。

それから1年が過ぎたころのことです。

Kさんは、私たちよりワンランクもツーランクもうまくなりました。

やはり、自己責任と考える人は成長スピードが早いのです。

私が個人コンサルティングをしているときのことです。

話を聞いていると、「私は悪くないと思います」と言う人がいます。

あたかも「失敗したのは他の人のせいだ」と言っているように聞こえます。

●会社のやり方が古い
●環境が悪すぎる
●上司や指導者が最低

もちろん、言っていることは正論で、そのとおりなのかもしれません。

しかし、私はこういった話をする人で結果を出す人はほとんど見たことがありません。

その一方、営業活動がうまくいっている人は、何かのせいにしたり、人のせいにしたりせずに、「すべては自己責任」として捉え、前向きに行動します。

会社のやり方が古かったとしても、**「そもそもこの会社を選んだのは自分だしな。その中で工夫して結果を出すしかない」**と考えます。

そしていろいろと工夫して、いまに合うやり方にして結果を出すのです。

また、環境が悪ければ、**「こんな状況の中で結果を出せば本当の実力がつくぞ」**とワクワクしながら営業活動をしています。

私の経験から言っても、このような人は間違いなく成長し、結果を出しています。

「うまくいかないのはアイツのせいだ」と言っても、何も始まりません。

何かのせいにするのではなく、**「これは自分に原因がある」**と考えるようにしましょう。

そうすれば、**「そうか、あの点を改善する必要があるな」**と気づくこともあります。

何かのせいにすれば、それにコントロールされてしまいますが、「すべて自己責任だ」と考えれば、自分でコントロールできるようになります。

まずは、すべてのことを自己責任として考えるようにしましょう。

必ず見えてくるものがあるはずです。

POINT

身のまわりで起きたことのすべてが自分の成長の糧になる

50

人生を劇的に変える言いかえ

○ 心が動くフレーズ

今日という日に感謝します。ありがとうございます

× ありがちなフレーズ

はぁー、今日も仕事かぁ、嫌だなぁ

私は本にサインを求められた際、「感謝」という文字を書いています。私が一番好きな言葉であり、いままでどれだけ力をもらい、人生を変えてきたかわかりません。本書の最後に、この感謝の力の使い方について紹介します。

感謝の力は、想像を超えるものがある――。

私がこの効果を初めて実感したのは、ダメ営業時代です。

当時の私は、朝目覚めた瞬間、「はぁー、今日も仕事かぁ、嫌だなぁ。どうせ今日もろくなことが起きないだろう」と思っていました。

このようにネガティブに考えれば、当然テンションが下がり、朝から不機嫌な気持ちになります。

やっとのことでベッドから這い出して、嫌々会社に向かう。

これでいい結果が出るはずもありません。

最低のコンディションのまま仕事に向かい、そしてお望みどおりにろくなことが起きなかったのです。

そんなある日のこと、ある自己啓発の本が課題図書として会社で配られました。

そのときは感想をレポートとして提出する義務があったので、しかたなく読んだという感じです。

いろいろなノウハウが紹介されていましたが、一番印象に残ったのは**「すでにいい結果が起こったものとして感謝してしまう」**ということです。

それを実行して報告するという課題もあり、翌日から**「朝、目覚めたことに感謝する」**ことにしました。

朝起きたとき、**「今日もいい日になりました。ありがとうございます」**と唱えます。

はじめこそバカバカしいと思いながらも、その言葉を唱えただけで〝ふわっとした気持ちよさ〟を感じました。

感謝することで**「何かいいことが起こるのでは」**という気にすらなったのです。

これを1週間ほど繰り返したときのこと。

寝起きがいい気分だと、いいスタートが切れるようになります。

いいスタートを切れば、自然にいい方向へ進みます。

本当に仕事でいい結果が訪れたのです。

このような話をすると、**「感謝の力なんかで結果は出ないよ。怒りの力をバネにし**

たほうがいい」と言う人もいます。

ライバルに負け、「チクショウ。次はアイツには絶対に負けないぞ」といった怒りを利用する。

たしかに、怒りは強いモチベーションの源になります。

スポーツ選手や起業家の本を読むと、「あのときの失敗の悔しさを糧にして」といったエピソードが必ず出てきます。

こういったものを目にすると、「やはり怒りの力を利用したほうがいい」と思うものです。

実際、怒りの力で結果を出している知人もいます。

ただ、若いときはまだよかったのですが、歳を重ねるにつれ、**「怒りの感情が顔に出てきている」**と感じるようになりました。

とてもではありませんが、幸せそうには見えません。

怒りを利用するのは悪くありませんが、長く頼るのは考えものだと思ったものです。

その一方、**「感謝の力をモチベーションにしている」**というスタイルの人もいます。

その人は営業会社の社長をしており、会うたびに**「いやぁー、私はスタッフに恵まれていますよ。本当にありがたい」**と言いながら仕事をしています。

実際、仕事で結果を出しているのはもちろんのこと、スタッフともいい関係を構築していました。

こういった人も同じく顔に出ます。**表情が穏やかで、非常に魅力的なのです。**

感謝の力は怒りほどの爆発力はないものの、そのかわりにジワジワといい状態が続いていきます。

長く利用しても、その反動がないのです。

とはいえ、その人にしても、いつも冷静沈着でいるわけではありません。

ときにはイラッとしたり、怒りたくなったりすることもあるそうです。

たとえば、ライバル社にお客様を横取りされたときは、素直に「チクショウ。あの会社はやり方が汚いんだ」と腹を立てると言います。

ただ、彼が違うのは、気がすむまで怒ったら、怒りの言葉を**「今回の経験から多くのことを学べたぞ。ありがたい」**と言いかえるところです。

- 気がすむまで怒る

↓

- 怒りの言葉を感謝の言葉に言いかえる

このように、うまくいっている人は、怒りの力と感謝の力をハイブリッドさせているのです。

あなたも、ぜひこの方法で感謝の力を使い、人生を好転させてください。

POINT

成功は、感謝の力を上手に活用している人のところに訪れる

おわりに　言いかえのヒントはどこにでもある──

ゴルフの新しいアイアンを買おうと、ショップに行ったときのことです。

アイアンを見ていると、1人の店員さんが近づいてきて、「このアイアンはストロングロフト（ロフトが立っている）でよく飛ぶんです。在庫はこれしかありません。決めるなら、いまですよ！」と売り込んできました。

私は、飛ぶアイアンを望んでいません。

「ちょっと見に来ただけなので」と言って、そのお店を後にしました。

もし、この店員さんが、**「これからこのアイアンの説明をしてよろしいですか？」**と聞いてくれたら、どうなっていたでしょう？

私とすれば、「こっちのアイアンを考えていまして」と伝えられます。

一通りその説明を聞いて、買っていたかもしれません。


世の中の営業パーソンの多くは、相手のことを考えない説明をしてきます。

しかも、そのことを本人は悪いとは思っていません。

お客様の立場だとわかるのに、売る立場になると、とたんにわからなくなってしまうのが営業の怖いところです。

また、営業経験が長くなると、「まあ、いままでこのトークでやってきたから」と変えようともしなくなります。

そして、思うように成績が上がらないと、「最近の客は冷やかしばかりだ」などとお客様のせいにするのです。

これでは、いつまでたっても結果は出ません。

その逆に**「この人はお客様に寄り添った対応をしてくれるな」**と感じる営業パーソンもいます。

こういった人のトークには、必ず**〝お客様への気遣い〟**が含まれているのが特長です。

たとえば、緊張しているお客様に対して、**「先ほどのお客様はゆっくり考えたいと言っていましたが、お客様もそうですか?」**とホッとさせる言葉を投げかけます。

商品のメリットだけを伝えるのではなく、しっかりデメリットも教えてくれます。

こちらが知ったかぶりをしても**「よく勉強していますね」**と返してくれます。

こういった営業パーソンが結果を出していることは言うまでもありません。

ちなみに世の中には、この本で紹介した例の他にも、さまざまなところに**〝結果を出すための言いかえのフレーズ〟**が存在しています。

その見つけ方は、簡単です。

ふだんから「こう言われたら嬉しいという言葉を発見する」という意識をもって生活する――。

それだけでOK。

そのような意識をもっていたら、商品を買うときだけでなく、家族や友だちとの何気ない会話からも、すごいヒントを見つけられるようになります。

たった一言だけ言いかえることで、あなたの営業活動に善循環が起きます。

それが呼び水となり、やがては大きな結果に結びつくことになるのです。

この本で紹介したフレーズによって、あなたがお客様から必要とされ、営業で素晴らしい結果を出すことを心より願っています。

ここまで、この本を読んでくださったあなた。

最後までお付き合いいただきまして、本当にありがとうございました。


また、今回このような執筆の機会を与えてくださった大和出版の竹下さん、ありがとうございます。

竹下さんとは2006年のデビュー作からのお付き合いで、竹下さんなしでは私のビジネス書作家の扉が開くことはありませんでした。

本当に感謝しかありません。


最後の最後に、家族への感謝の言葉で締めさせていただきます。

いつもありがとう。


営業コンサルタント／関東学園経済学部講師　菊原智明

使ったその日から売上げが右肩上がり！

営業《えいぎょう》フレーズ言《い》いかえ事典《じてん》

2023年12月15日　初版発行

著　者……菊《きく》原《はら》智《とも》明《あき》

発行者……塚田太郎

発行所……株式会社大和出版

東京都文京区音羽1-26-11　〒112-0013

電話　営業部03-5978-8121／編集部03-5978-8131

http://www.daiwashuppan.com

印刷所……信毎書籍印刷株式会社

製本所……株式会社積信堂

装幀者……菊池祐

イラスト……山崎真理子

ISBN978-4-8047-1905-4